Matt Galan Abend
Den engen Käfig des Ego verlassen

Verlag Via Nova

Matt Galan Abend

Den engen Käfig des Ego verlassen

Aufbruch in die Fülle des Lebens

Verlag Via Nova

1. Auflage 2014

Verlag Via Nova, Alte Landstr. 12, 36100 Petersberg

Telefon: (06 61) 6 29 73

Fax: (06 61) 96 79 560

E-Mail: info@verlag-vianova.de

Internet: www.verlag-vianova.de

Umschlaggestaltung: Guter Punkt, München

Druck und Verarbeitung: Appel und Klinger, 96277 Schneckenlohe

ISBN 978-3-86616-295-2

Inhalt

TEIL II

1

Einfache Fragen ...
kreative Antworten ...

Was würde es für Sie persönlich bedeuten, den engen Käfig Ihrer Konditionierungen, Ihres Denkens und Fühlens und das daraus entstandene Bild, das Sie von sich selbst und der Welt haben, zu verlassen?

Was wäre dann anders bei Ihnen? Was könnte dann vielleicht ganz anders laufen oder was würde zumindest in Zukunft anders laufen?

Haben Sie überhaupt das Empfinden, sich mit Ihren Gedanken, mit Ihren Vorstellungen, Ihren Erwartungen und Ihrem daraus erwachsenen Handeln oder auch Nichthandeln in einem engen Käfig zu bewegen, aus dem Sie nicht herauskommen?

Empfinden Sie so etwas wie einen Kreisverkehr, aus dem Sie die Ausfahrt nicht finden?

Was würde weiterhin ein „Eintauchen in die Fülle der Schöpfung" für Sie bedeuten? Wie könnte so etwas aussehen? Was wäre dann anders für Sie? Wann wäre die Fülle der Schöpfung für „Sie" erreicht?

9

Halten Sie es überhaupt für möglich, dass Fülle plötzlich da entsteht, wo Sie bisher vielleicht eher das Gegenteil empfunden haben? Müsste dazu so etwas wie ein Wunder geschehen?

Antworten auf solche Fragen sind nicht so einfach zu geben, wie die Fragen gestellt sind. Versuchen Sie trotzdem ganz allein für sich eine Antwort zu finden, dies wäre sehr wichtig. Bevor Sie etwas ändern wollen, müssen Sie sich doch im Klaren darüber sein, was Sie ändern wollen und was diese Änderung dann letztlich bewirken soll.

Alibis für die augenblickliche Situation gibt es immer genügend und bei vielen Menschen wird überreichlich Gebrauch von solchen Scheinwahrheiten gemacht. Aber solche Alibis bedeuten in der Regel ja nichts anderes als Stillstand.

Zum Beispiel: *„Haben wir nicht alle unseren Platz, an dem wir stehen? Einen Platz, den wir uns mit sehr viel Mühe und Einsatz geschaffen haben und dessen Absicherung nunmehr unsere tägliche Aufmerksamkeit erfordert? Diesen Platz können wir doch nicht einfach verlassen und plötzlich in eine ganz andere Richtung gehen".*

Ja, dann bleiben Sie mal schön da stehen, wo Sie stehen, und sichern Sie weiterhin fleißig ab. Ändern wird sich dadurch vermutlich nichts.

In einem anderen Buch von mir habe ich ja sogar einmal geschrieben, dass wir absolut sicher sein können, am richtigen Platz zu stehen, und dass es in dieser Schöpfung keinen Zufall gibt. Dies scheint ja zunächst einmal alle Absicherungsbemühungen zu bestätigen.

Wenn wir am richtigen Platz stehen, wie ich es hier erneut und ausdrücklich noch einmal bestätige, warum fordere ich Sie dann zum „Verlassen" und „Eintauchen" auf? Zum Verlassen des engen Käfigs und zum Eintauchen in die Fülle des Lebens?

Um allen Missverständnissen vorzubeugen:

Am richtigen Platz zu stehen bedeutet keinesfalls, dass wir dort auch stehen bleiben müssen.

Am richtigen Platz zu stehen bedeutet vor allem, von dort aus eine wunderbare Entwicklung machen zu können.

Am richtigen Platz zu stehen bedeutet, die richtige Aufgabenstellung und die dazu richtige Startposition zu haben – wenn wir sie nutzen!

Schöpfung bedeutet ständige Weiterentwicklung.

Stehenbleiben, also im wahrsten Sinne des Wortes „Still"-Stand, wäre das genaue Gegenteil des Schöpfungsprinzips, und der Mensch ist genauso wie jedes Tier und jede Pflanze ein Teil der sich ständig wandelnden und immer wieder neu manifestierenden Schöpfung. Wir können nicht einfach irgendwo Platz nehmen und es uns dort gemütlich machen.

Wenn wir uns nicht bewegen, werden wir bewegt!

Besser, wir bewegen uns selbst, denn nur dann können wir auch die Richtung unserer Bewegung beeinflussen, nur dann können wir bewusst auf unser Ziel hinsteuern.

In diesem Schöpfungsprozess gibt es große und kleine Schritte. Schritte, die uns kaum bewusst werden, und Schritte, die wie ein

Erdrutsch wirken und nach denen wir dann im wahrsten Sinne des Wortes „wie neugeboren" dastehen. Wo wir zu Erkenntnissen und Einsichten kommen, die unser ganzes Leben in eine andere Richtung führen. Wo wir tatsächlich so etwas wie eine „zweite Geburt" erleben.

Natürlich keine zweite körperliche Geburt. Unsere körperliche Geburt können wir nicht wiederholen. Ich denke bei dieser Wortwahl an eine oder gar mehrere Neu-Geburten auf unserer geistig-seelischen Ebene. Dies wäre jedenfalls die wichtigere Ebene für uns. Nur dies wäre die Schöpfungsebene.

Ich denke dabei an Tage und Stunden, wo es uns wie Schuppen von den Augen fällt und wir nicht mehr verstehen können, wie wir so sein und denken konnten, wie wir bisher waren und dachten. Wir erleben uns ganz neu.

Ein Segen für jeden, der so etwas erleben darf. Ein Segen für jeden, der seine eingefahrenen Denk- und Verhaltensstrukturen als das erfahren darf, was sie in Wahrheit sind:

Gitterstäbe eines Käfigs, in den wir hineingesetzt wurden.

Einen Käfig, den diejenigen, die an uns herumerzogen und -bogen, uns einmal als einzig richtig angemessen haben. In bester Absicht natürlich! Wir selbst wurden dabei wenig gefragt. Wir wurden nur dann belohnt, geliebt und gemocht, wenn wir gewissen Vorstellungen entsprachen. Taten wir dies nicht, wurden wir zurechtgestutzt. Wir hatten enttäuscht.

Diesen uns angepassten Käfig halten wir inzwischen für unsere eigene Wahrheit.

Dieser Käfig ist inzwischen zu unserer eigenen täglichen Realität geworden.

Dieser Käfig ist inzwischen unsere Welt und unser Ego.

Ein Leben außerhalb dieses Käfigs ist für uns kaum vorstellbar. Selbst wenn sich die Tür des Käfigs für uns öffnen sollte, blieben wir vermutlich brav da sitzen, wo wir unser Auskommen haben, blieben brav da sitzen, wo wir gefüttert werden, blieben brav da sitzen, wo wir uns auskennen. Wir haben unseren Platz gefunden und wollen kein unnötiges Risiko eingehen. Wir haben Angst vor dem Wandel.

Andere Plätze mögen uns im günstigsten Fall *vielleicht sogar, möglicherweise, eventuell, wenn man bedenkt ... und unter Umständen* als möglich erscheinen, ein Ausprobieren ist uns aber zu gefährlich. Man weiß ja nie!

Selbst wenn wir feststellen müssen, das in unserem Leben nahezu nichts wirklich gut ist, kennen wir uns darin schließlich bestens aus. Weiß man doch nicht, was sonst ...

Und wie zu fast jeder Dummheit gibt es natürlich auch dazu ein Sprichwort: *Der Spatz in der Hand ist besser als die Taube auf dem Dach.* Na, dann halten Sie mal schön Ihr Spätzlein, wenn Sie mögen. Ich persönlich halte lieber einen gut genährten Truthahn, der mich die Fülle der Schöpfung – in dem Fall zumindest auf der materiellen Ebene – etwas näher erleben lässt.

Nicht, dass ich keine Spatzen mag – ganz im Gegenteil. Zwei Drittel des Winterfutters, das ich in unserer schneereichen Gegend zu jeder Saison der Vogelwelt anbiete, wird von Spatzen gefressen und ich beobachte sie ebenso gerne wie alle anderen Vögel. Sie besitzen eine beeindruckende Schlitzohrigkeit, um an ihr Futter zu kommen, und nehmen es dabei auch mit weitaus größeren Vögeln auf. Manch braves Menschlein könnte hier etwas lernen. Ja, Sie haben richtig gelesen, Menschen können von Spatzen lernen.

Zum Beispiel kämpfen Spatzen nicht. Im Kampf hätten sie keine Chance, sich gegen größere Artgenossen durchzusetzen. Sie sind einfach nur cleverer, schneller, wacher und zupackender. Sie nutzen jede sich bietende Chance, etwas in ihren Kropf zu bekommen.

Selbst wenn ich kein Futter auslegen würde, würden sie mit Sicherheit zu den Spezis gehören, die einen noch so strengen Winter am ehesten überleben. Eigentlich brauchen sie mich und mein Futter gar nicht. Sie sind in keinem Fall von mir abhängig. Diese Unabhängigkeit könnte wiederum auch für manche Menschen ein Vorbild sein.

Kommt Futter – wie schön!

Kommt kein Futter – auch schön!

Dann versuchen sie es eben woanders.

Irgendwo wird's was geben. Ich bin sicher, dass Spatzen daran keinen Augenblick zweifeln, wobei ich natürlich nicht weiß, ob Spatzen überhaupt zu so etwas wie Zweifeln fähig sind – die Glücklichen! Sie leben im Urvertrauen! Schickt Gott einen neuen Tag, schickt er auch was zu picken.

Sehen Sie, dies ist ein nicht ganz unbeträchtlicher Unterschied zu vielen Menschen. Die sitzen in ihrem Käfig und brauchen und brauchen und brauchen … und hoffen und warten darauf, dass es ihnen irgendjemand endlich gibt.

Sie *brauchen* Liebe.

Sie *brauchen* Zuwendung.

Sie *brauchen* Futter.

Sie *brauchen* Anerkennung.

Sie *brauchen* Förderung.

Sie *brauchen* Sicherheit usw.

Sie selbst können ja nicht, sie sitzen ja in ihrem Käfig. Sie erwarten den Ausgleich ihrer eigenen Bedürfnisse vom Partner oder der Partnerin, von der Familie, den Kindern, der Firma, dem Staat, von ihrem Chef oder der Chefin, den Nachbarn, den Freunden usw.

Die einfachste aller Lösungen,
ihren Käfig zu verlassen,
ist für sie im wahrsten Sinne des Wortes
„un"-denkbar.

Dieses Buch ist eine Einladung, jedwede Art von Käfig zu verlassen. Sie können diese Einladung annehmen oder sie in eine der zahlreichen Schubladen Ihres Oberstübchens ablegen und nie mehr darüber nachdenken. Es ist Ihr Leben und ganz alleine Sie bestimmen Ihr Leben – zumindest sollte es so sein!

Verzeihung, ich weiß natürlich: Sie würden ja so gerne, aber Ihre Kinder, Ihre Familie, Ihre Firma, der unsichere Job, das noch nicht abbezahlte Haus, ebenso das Auto und überhaupt die ganzen Verpflichtungen, die an Ihnen hängen. Das können Sie doch nicht einfach ignorieren und so tun, als wären Sie frei. Ja, wenn das alles nicht wäre, ja wenn Sie wirklich frei wären, würden Sie natürlich sofort und liebend gerne, aber so ... leider? Es dauert ja auch höchstens noch bis ... Sie müssen erst noch. Alles andere wäre ja auch völlig unvernünftig usw.

Sehen Sie, wenn Sie das so empfinden, legen Sie dieses Buch am besten in irgendeine Ecke, schauen es nie mehr an oder bieten es bei Ebay als gebraucht an, dann haben sie wenigstens noch etwas davon.

Ansonsten wird es Sie noch unzufriedener machen, als Sie vielleicht ohnehin schon sind, und es wäre doch schade, wenn Sie dann dafür auch noch Geld ausgegeben hätten. Ich weiß, das war gar nicht nett von mir, aber leider nichts als die Wahrheit.

Sie können!
Sie halten es nur nicht für möglich,
dass Sie können.

*

Dies ist die hartnäckigste aller Bremsen,
die Sie als Erstes lösen müssen.

Natürlich haben Sie aus Ihrer Erfahrung heraus absolut stichhaltige Argumente für Ihr empfundenes Nichtkönnen. Haben Sie denn nicht schon immer versucht, wollten Sie denn nicht schon immer etwas ändern, haben Sie nicht schon immer gefühlt und manchmal sogar vorsichtig angedeutet dass …, aber Sie wussten ja selbst, dass es wohl kaum durchsetzbar sein würde.

Sehen Sie, das alles ist zu wenig. Das ist ein laues Lüftchen und ein laues Lüftchen bewegt rein gar nichts. Damit können Sie kein etabliertes System außer Kraft setzen, damit können Sie keinen einzigen Stab Ihres Käfigs lockern. Das ist schlichtweg ungenügend. Das ist, wie wenn ein Fisch im Aquarium ab und zu mit seinem Maul gegen die Scheibe stößt. Was stört's die Scheibe?

Was Sie zunächst brauchen, ist eine genaue Zielvorstellung:

Wie, wo und unter welchen Umständen will ich leben?
Wo soll es mich hinführen?

Wenn Sie nicht genau wissen, was Sie wollen, werden Sie kaum etwas bewegen können. Es geschieht alles mit Ihnen, Sie haben keinen Druck auf dem Steuer, Sie treiben einfach mit der Strömung.

Allein das Wissen und das Gefühl, dass es so wie bisher nicht weitergehen kann und soll, genügt nicht. In einem solchen Fall wissen Sie lediglich, was Sie nicht wollen. Damit wären Sie dann keineswegs alleine. Die meisten Menschen wissen eher, was sie nicht wollen, als was sie wollen. *„Ich wäre ja schon zufrieden, wenn wenigstens das nicht mehr wäre".*

Bewusste Schöpfung und geistige Ursachensetzung aber heißt er-schaffen, nicht ab-schaffen.

Dazu ein simples Beispiel: *„Ich will nicht mehr frieren"* ist eine völlig wirkungslose Floskel ohne jede Konsequenz. *„Ich weiß, dass es mir angenehm warm sein wird",* ist dagegen eine relativ wirkungsvolle geistige Ursachensetzung. Dies ist ein absolut simples Beispiel, aber geistige Gesetze wirken im Größten wie im Kleinsten und sind absolut unkompliziert.

Wie es dann dazu kommt, dass ich nicht mehr friere und es mir angenehm warm sein wird, ergibt sich erst nach der geistigen Ursachensetzung. Erst aufgrund einer bewussten geistigen Ursachensetzung bewegt sich die Materie. Ich weiß zwar noch nicht so recht, wie und wodurch – aber *ich weiß, dass es so sein wird.* Dieses Wissen erzeugt dann jene Kraft, die mich ans Ziel bringt.

Erfahre ich zum Beispiel von einem Arzt, dass sich an einer inoperablen Stelle meines Hirns ein Tumor ausbreitet, dann habe ich zwei Möglichkeiten, damit umzugehen. Ich ziehe daraus für mich die Tatsache, dass ich nun bald sterben werde (und die innere Uhr läuft), oder ich weiß innerlich, dass ich diesem Arzt noch sehr viele Weihnachten lang eine Postkarte mit dem einzigen Wort „ätsch" schreiben werde (und auch diese innere Uhr läuft).

Ich hatte einen solchen Fall mit einem Mann aus Zürich, der mich um Hilfe bat. Die Ärzte gaben ihm lediglich noch 2-3 Monate Lebenszeit. Der Tumor saß tatsächlich an einer inoperablen Stelle und breitete sich unaufhaltsam aus. Keine schöne Situation, aber der Mann besaß einen ungeheuren Lebenswillen und ließ sich nicht hängen.

Nun ist in einem solchen Fall ein einfaches Kämpfen und Nichtakzeptieren leider zu wenig. Man muss schon wissen, wo und wie man eine solche Situation anpackt. Ich habe in einige Seiten vorher geschrieben, dass Geist die Ursache von Materie ist. Geist steht über Materie, Geist formt Materie. Hier sah ich den einzig möglichen Ansatz, denn auf der rein schulmedizinisch-körperlichen Ebene war bereits alles getan.

Wie wir dann vorgingen, mag manchem Leser wie aus einem Kinderbuch entnommen erscheinen, aber es funktionierte, und das ist die Hauptsache. Ich habe den Mann gebeten, mit einfachen Wasserfarben ein Bild von seinem Kopf und dem sich darin ausbreitenden Tumor zu malen. Habe ihn also bewusst mit einer Tatsache konfrontiert, die er nun sogar noch bildhaft darstellen sollte. Also das Gegenteil von Verdrängen und Nichtwahrhabenwollen. Was dann entstand, war kein künstlerisches Meisterwerk, wie Sie in nachstehender Abbildung unschwer erkennen, aber es erfüllte seinen Zweck.

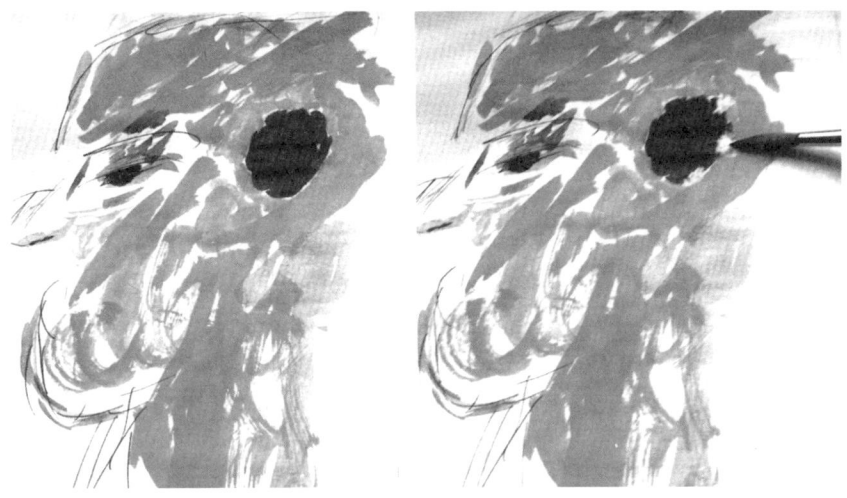

Ich habe ihn dann dazu angeleitet den braunen Fleck, den er als den Tumor bezeichnete, rundherum am Rand mit einem feuchten Pinsel vorsichtig etwas aufzulösen und die Farbe millimeterweise wegzunehmen. Sie wissen, dass es möglich ist, Wasserfarbe wieder aufzulösen und zu entfernen. Das Papier wurde bei dieser einfachen Übung zwar nicht wieder blütenweiß, aber der braune Fleck wurde angegriffen und sichtbar kleiner, das war das Wichtigste.

Diese Übung sollte er jeden Tag mindestens zweimal machen und sich dabei bewusst werden, dass nun exakt das Gleiche mit dem Tumor in seinem Kopf geschah. Das, was er da tat, das, was er da mit seinen eigenen Augen beobachten konnte, musste für ihn zur absoluten Wahrheit werden, um im Sinne einer geistigen Ursachensetzung die notwendige Kraft zu entwickeln. Auch in seinem Kopf gab es etwas, was unentwegt den Rand dieses Tumors anknabberte und ihn verkleinerte.

Er, das unbegrenzte und vollkommen gesunde, geistige ICH arbeitete an der begrenzten Materie seines Körpers. Er, das unbegrenzte geistige ICH, setzte bewusst eine Ursache, die sich in der Materie seines Körpers umsetzen musste.

Der Erfolg ist, wie ich schon gesagt habe, absolut abhängig von der Kraft einer solch geistigen Ursachensetzung, ist abhängig von der Wahrheit, die dahinter steht, von „meiner" Wahrheit. Es einfach mal so zum Spaß machen – schaden kann es ja nicht und vielleicht hilft es ja sogar – würde ohne jede Wirkung bleiben.

Dieser Mann hatte Erfolg. Bei der nächsten planmäßigen Kontrolle stellten die Ärzte mit Erstaunen fest, dass sich der Tumor entgegen allen Prognosen verkleinert hatte. Ganz hat er sich jedoch nie aufgelöst. Es blieb mit der Zeit ein Rest, der sich abkapselte und bis heute passiv blieb. Die jährliche Postkarte mit dem Wort „ätsch" konnte er bis heute regelmäßig versenden.

Geist ist die Ursache von Materie.
Die Schöpfung ist geistig.

Die Initialzündung geht immer von der geistigen Ebene aus. So auch die Initialzündung zum Verlassen des engen Käfigs unseres Ego und zum Eintauchen in die Fülle des Lebens.

Was uns auf unserer geistigen Ebene
nicht möglich erscheint,

*wird sich auf unserer materiellen Ebene
nicht manifestieren können.
Wir schließen es selber aus.*

Etwas sehr Wichtiges sollten Sie unbedingt verinnerlichen. Ich kann bei einer übergreifenden geistigen Ursachensetzung nicht auch noch den exakten Weg bestimmen, auf dem etwas zu geschehen hat. Ich muss genügend Raum lassen, damit sich etwas manifestieren kann. *„Lieber Gott, mach mich doch bitte glücklich und zufrieden, und zwar erstens, zweitens und drittens"*. So etwas funktioniert nicht.

*Die Schöpfung hat
keine Bestellabteilung
mit exakten Artikelnummern.*

Also, das Wichtigste ist zunächst einmal, dass Sie wissen, was Sie wollen. Und zwar so konkret wie möglich. In Ihrer geistigen Vorstellungskraft sollten Sie bereits im Endergebnis leben. Dies scheint zunächst im Widerspruch zu dem zu stehen, was ich gerade vorher gesagt habe, es gibt kein Erstens, Zweitens, Drittens. Dieser Widerspruch ist nur scheinbar.

Sie wissen zwar sehr genau, wo Sie hinwollen, aber Sie lassen den Weg dorthin offen, Sie müssen sich nicht um den Weg kümmern, Sie wissen ja ohnehin, wo es Sie hinführen wird. Sie können gespannt zuschauen und auch mal über diesen oder jenen Umweg schmunzeln, selbst Einbahnstraßen können Sie auf Ihrem Weg nicht irritieren.

Ich möchte dabei auch einen großen möglichen Irrtum nicht unerwähnt lassen. Wenn Sie zum Beispiel der Meinung sind, dass die

Fülle der Schöpfung etwas mit Geld zu tun hat und dass Sie leider genau davon nie genügend hatten, unterliegen Sie einem großen Irrtum.

Geld ist lediglich Materie.
„Geist" formt auch diese Materie.

Geist ist der Ursprung aller Materie. Auf der geistigen Ebene müssen wir das verursachen, was sich auf der Ebene der Materie manifestieren soll.

Wenn Sie das wirklich verstanden haben und in Ihr täglich gelebtes Leben umsetzen, haben Sie den entscheidenden Schlüssel in der Hand.

Aber Sie haben das Buch ja noch vor sich, blättern Sie nicht gleich nach hinten. Wenn Sie einen Berg besteigen, ist es absolut ratsam, auf den nächsten Schritt zu achten, damit Sie nicht frühzeitig auf der Nase liegen.

In meiner Praxis saß ein Mensch vor mir, der, wie ich erst später aus der Presse erfuhr, 4,6 Milliarden Vermögen sein Eigen nannte und trotzdem über sein unglückliches und freudloses Leben weinte. In seinem anerzogenen aalglatten Pokerface flossen tatsächlich Tränen – er war trotz seiner Milliarden ein unglücklicher Mensch.

Ebenso kenne ich viele Millionäre, mit deren Leben ich keine Sekunde tauschen möchte – mit Ihren Konten schon eher. Allerdings bin ich mir völlig sicher, dass sich dann in meinem Leben, auch durch einen solchen Kontentausch, nichts Wesentliches ändern würde.

Vielleicht würde ich mir bei meiner Uhren-Sammelleidenschaft auch einmal ein paar teurere Stücke leisten können. Aber würde dies dann auch mehr Freude und Erfüllung für mich bedeuten? Ich weiß es natürlich nicht, da ich es noch nicht ausprobieren konnte.

Natürlich ist eine „Lange-Söhne Nr. 1" für mich zur Zeit noch ein unerfüllbar erscheinender Traum, denn so ein Exemplar kostet wirklich viel Geld, aber ich habe die richtigen geistigen Ursachen gesetzt und auf irgendeinem Weg drängt diese Ursachensetzung nach Erfüllung. Es gibt ja auch gebrauchte Exemplare und auch ein solches wäre mir hochwillkommen. Es dürfte sogar defekt sein, das wäre eine Herausforderung. Aber wo gibt es schon eine defekte „Lange 1"? Schon von dieser Möglichkeit zu sprechen ist eine Beleidigung für ein solches Kunstwerk.

Wenn ich eine alte, geschundene, zerkratzte und reichlich strapazierte „Omega" für relativ wenig Geld erstehe, dann aus diesem recht unansehnlichen Stück wieder eine strahlende Schönheit mache und es mir zudem gelingt, auch das Werk so weit in Ordnung zu bringen, dass es wieder funktioniert, vielleicht auch dies oder jenes Teil noch ein wenig veredle (Perlagen, bestimmte Schliffe und Polituren), dann bedeutet dies für mich eine große Freude und Befriedigung. Es ist dann mein Werk, auch wenn es manchmal total danebengeht und ich einer alten Uhr den Rest gegeben habe. Auch daran lerne ich dann, auch das hat mich dann weitergebracht.

Sehen Sie, dies ist in etwa eine Erklärung für das unglückliche Leben des erwähnten Milliardärs. Was war in seinem Leben noch wirklich er? Was konnte ihm noch Freude und Befriedigung verschaffen? Könnte meine erträumte „Lange-Söhne Nr. 1" ihm noch irgendwelche Freude bereiten? Er könnte sich davon gleich mehrere bestellen und die Armbänder so variieren, dass sie zu jedem Outfit passen. Aber wahrscheinlich ist es sein vordringlichstes

Ziel, aus den 4,6 Milliarden 5,2 Milliarden zu machen, im nächsten Jahr dann 5,8 usw. Aber was würde sich in seinem Leben dadurch ändern? Wäre er dann zufrieden?

Seine Lebensgefährtin, die eine Woche vorher bei mir war, erzählte mir folgende Geschichte: Als sie das erste Mal auf sein Schiff eingeladen war, wurde sie natürlich von ihm in einem Bentley (mit Chauffeur) vom Flughafen abgeholt und zur Pier gebracht. Eine Privatpier natürlich mit entsprechendem Wachpersonal. Sie hatte schon ein stattliches Schiff erwartet, aber was da vor ihr lag, übertraf nun doch ihre Erwartungen um ein Vielfaches.

Sie wurde zunächst auf das Oberdeck geleitet, wo die komplette Besatzung, vom Kapitän bis zur Küchenhilfe, in einer Reihe zu ihrer Begrüßung angetreten war. Ihre erste Aufgabe bestand nun darin, mit dem Koch das Abendmenü festzulegen und die groben kulinarischen Planungen für die nächsten Tage auf See zu besprechen. Sie fühlte sich reichlich überfordert und wäre am liebsten geflohen, aber nun saß sie in diesem monströsen Käfig und musste das irgendwie durchstehen.

Zum Vergleich einmal das genaue Gegenteil: In meiner Jugend unternahm ich eine Fahrt mit meinem damaligen Klepper-T8-Faltboot von Saarbrücken aus zunächst über die Saar bis Trier, dann die Mosel hinunter und über den Rhein zurück nach Düsseldorf. Das Ganze dauerte ca. zwei Wochen. Also reichlich Zeit zum Genießen und Verweilen.

Den größten Teil der Zeit ließ ich mich einfach von der Strömng treiben und genoss die Landschaft – gerade dann und wann einmal mit ein Paar Paddelschlägen, wenn ich etwas Druck auf dem Steuer brauchte, um zum Beispiel einem Schiff auszuweichen. In meinem Schlepptau baumelte an einer Schnur immer eine gute

Flasche Wein durchs kühle Wasser, die ich ab und zu herauszog, um mir einen kleinen Schluck zu gönnen.

Abends konnte ich in einem der zahlreichen Uferorte etwas essen gehen oder mir selbst an einer einsamen Stelle des Ufers etwas grillen und mein kleines Zelt aufschlagen. Viel Stauraum hatte so ein Paddelboot natürlich nicht, aber ich war vollkommen eins mit mir, mit Gott und der Natur, und wenn ich mal an einem Tag keine Lust hatte oder es mir irgendwo besonders gut gefiel, blieb ich einfach da, wo ich war.

Sehen Sie, genau dies wird unser Milliardär auf seinem pompösen Schiff niemals erleben können. Genau dies wird er wahrscheinlich nie sein. Was kommt nun der „Fülle des Lebens" näher? Meine Paddelfahrt oder sein Mittelmeer-Trip?

Wir können die „Fülle der Schöpfung"
nicht am Außen ablesen,
wir können Sie nur in uns haben.

Wir müssen in ihr sein. Wir müssen sie innen aufbauen und nicht wie eine filmreife Kulisse um uns herum drapieren.

Nun verstehen Sie das bitte nicht falsch. Ich habe rein gar nichts gegen äußeren Reichtum und Wohlstand. Schön, wenn das so gegeben ist – schön, wenn es nicht so gegeben ist. Ich darf mich davon nicht abhängig machen.

Wenn sich Innen und Außen nicht gleichermaßen im Wohlstand befinden, wenn nicht wirklich alle Ebenen „zum Wohle" stehen, sind wir mit äußerem Wohlstand allein ebenso unglücklich wie ohne diesen, ja vielleicht sogar noch unglücklicher.

Nun könnte man versucht sein zu sagen, dass es sich dann doch zumindest leichter ertragen lässt. Aber wir sind nicht zum „Ertragen" auf dieser Welt. Wir sind in unserem Kern unbegrenzte geistige Wesen, die mit ihrer geistigen Schöpferkraft ihr Leben bestimmen. Fangen wir doch endlich damit an.

Das Problem ist, dass wir uns dessen normalerweise nicht einmal bewusst sind, ja, dass wir unsere geistige Schöpferkraft mehr gegen uns als für uns wirken lassen und dass der ankonditionierte Käfig unseres Egos jeden Ausbruch verhindert.

Angst ist dabei natürlich eine der größten Bremsen, und diese zu überwinden, ist eine unserer schwierigsten Aufgaben. Angst lässt sich immer nur in kleinen Schritten abbauen und auch der Ausbruch aus unserem Käfig und das Eintauchen in die Fülle der Schöpfung ist ein Weg, den wir nur schrittweise gehen können.

Ich weiß, Sie hätten es gerne etwas schneller, aber die Gefahr, dass Sie dann dabei auch umso schneller auf die Nase fallen, wächst proportional zu Ihrer Schnelligkeit.

Also versuchen wir es in Ruhe und Gelassenheit – übrigens auch ein enorm wichtiger Teil der „Fülle des Lebens".

2

Unser Unterbewusstsein –
Gegner oder Verbündeter?

In meiner Einführung habe ich geschrieben, dass Sie möglichst genau wissen sollten, was Sie wollen, und dass es völlig unzureichend ist, nur zu wissen, was Sie in Zukunft nicht mehr wollen.

Auf Ihrem geistigen Bildschirm muss ein möglichst konkretes Bild davon entstehen, wie Sie in einigen Jahren leben. Ich sage ganz bewusst „leben", nicht „leben werden oder leben wollen".

Das Bild, das vor Ihrem geistigen Auge entsteht, muss für Sie schon die Wahrheit sein.

Sie wissen bereits, dass es dann so ist.

In Ihrer geistigen Vorstellungskraft leben Sie bereits im Endergebnis. Sie fühlen, riechen, schmecken, erleben. Sie sind angekommen. Sie nehmen die Realität, die in der Zukunft sein wird, schon heute vorweg.

Nur derart konkrete Bilder entwickeln jene Kraft, die für eine erfolgreiche geistige Ursachensetzung nötig ist. Natürlich werden wir am Ende niemals eine hundertprozentige Übereinstimmung mit dem dann vorliegenden Ergebnis feststellen können, aber ich garantiere Ihnen, dass Ihr Ergebnis mit Sicherheit in die Richtung der Ursachensetzung ging, und das heißt doch immerhin, dass Sie bewusst gesteuert haben, dass Sie der Kaptän auf dem Schiff Ihres Lebens waren.

Wenn es dann zu achtzig bis neunzig Prozent so eintrifft, wie es vor Ihrem geistigen Auge bereits Wirklichkeit war, dann ist das doch nicht schlecht – oder?

Einhundert Prozent geht nie. Wir tun sogar gut daran, der Schöpfung einen gewissen Spielraum zu lassen und nicht alles festlegen zu wollen. Wir sind nicht Gott, und das Bild, das wir da vor Augen hatten, muss ja nicht unbedingt in allen Details auch richtig für uns sein.

Wir sind göttlicher Natur und das Prinzip der geistig-göttlichen Schöpferkraft ist damit auch in uns verankert, aber wir sind zweigeteilt zwischen begrenzt und unbegrenzt. Unser menschliches Ego, das der begrenzten materiellen Ebene entspringt, hat meist eine ganz eigene Vorstellung von dem, was für uns richtig ist, als unsere unbegrenzte geistige Ebene. Unser begrenztes Ego wählt in der Regel den bequemsten Weg. Aber wir sind nicht hier, um es uns bequem zu machen.

Jedes menschliche Leben hat
ein zentrales Lernthema.
Wir sind hier, um diese Lernaufgabe
zu bewältigen.

Wir sind hier, um durch die Bewältigung unserer Lebens-Lernaufgabe weiterzukommen. Lebens-Lernaufgaben sind immer übergreifende Themen wie Loslassen, Urvertrauen, Demut, Annehmen, Öffnen, Liebe usw. Ich habe das schon in anderen Büchern von mir ausführlich besprochen und möchte das deshalb an dieser Stelle nicht weiter vertiefen.

Gehen wir wieder zum Thema der geistigen Ursachensetzung. Wahrscheinlich wird sich sofort Ihr Gedankenapparat einschalten und Ihnen sagen, dass die Idee des konkreten Bildes, das Sie von Ihrem Leben entwickeln sollen, ja wohl völliger Unsinn ist. Niemand kann vorhersagen – oder wie ich es sogar einfordere „bereits erleben", wie in Zukunft sein wird.

Ja, auf der begrenzten Ebene Ihres Verstandes haben Sie natürlich vollkommen recht. Dass dies Unfug ist, lässt sich für Ihren Verstand ja ganz leicht an Ihrer bisherigen Lebenserfahrung, an den Erfahrungen innerhalb Ihrer Familie, an Statistiken und Unterlagen aller Art beweisen. Man muss nur einmal eine Tageszeitung lesen, die vor zehn Jahren erschienen ist. Wer hätte denn, so wie es damals zuging, bereits die Zeitung von heute schreiben können? Niemand!

Zu dieser ganz normalen Abwehrtätigkeit Ihres Verstandes sollten Sie Folgendes wissen: Unser Verstand bedient sich bei einer Analyse und einer daraus entstehenden Verhaltensempfehlung immer der bisher entstandenen Aufzeichnungen unseres Unterbewusstseins. Unser Unterbewusstsein wirkt für unseren Verstand wie die Software eines Computers.

> ### Was die Software unseres Unterbewusstseins nicht hergibt, ist für unseren Verstand nicht denkbar.

Unser Unterbewusstsein könnte man auch als so etwas wie unser „mentales Archiv" bezeichnen. Rein technische Inhalte, wie zum Beispiel unsere rechnerischen Fähigkeiten, handwerkliche oder wissenschaftliche Fähigkeiten usw., werden in dafür zuständigen Regionen unseres Hirns gespeichert. Unser Unterbewusstsein aber hat mit unserem Hirn nur sehr wenig zu tun.

Aber auch hierbei gibt es vielfältige Überlappungen, die zum Beispiel bewirken können, dass wir mühsam erlernte technische Fähigkeiten nicht ausführen können, wenn unser Unterbewusstsein sich dagegen sträubt. Unser Unterbewusstsein ist in jedem Fall stärker. Es kann uns im wahrsten Sinne des Wortes lahmlegen.

Gespeichert wird in unserem Unterbewusstsein nicht das tatsächliche Geschehen mit all seinen Details, sondern vielmehr das, was es für uns mental bedeutet hat. Erfolg, Niederlage, Kränkung, Gefahr, körperliche oder seelische Verletzung, Abweisung, Bestrafung, Liebesentzug, Ausschluss aus der Herde und dergleichen.

Diese Aufzeichnungen sind in der Zeit von unserer Zeugung an bis zur jetzt aktuell ablaufenden Sekunde entstanden. Unser Unterbewusstsein speichert bereits im Mutterleib, obwohl sich dort ein funktionsfähiges Hirn ja erst noch entwickeln muss, was meine These beweist, dass das Unterbewusstsein mit unserem Hirn nichts zu tun hat.

Wir treten unser nachgeburtliches Leben bereits mit unseren im Mutterleib gespeicherten mentalen Erlebnissen an. Wir wissen z.B. sehr genau, ob wir mit Freuden erwartet, geliebt und gemocht wurden oder mehr ein Unglück für unsere Mutter bedeuteten und es uns deshalb besser gar nicht gäbe.

Führen dann im weiteren Verlauf unseres frühkindlichen Lebens bestimmte Handlungen wiederum zu schmerzhaften Erfahrungen, so addiert unser Unterbewusstsein diese Erfahrung unserer Grunderfahrung des „Nicht-gemocht-Werdens" hinzu und will uns in einer von ihm als ähnlich eingestuften aktuellen Situation vor einer erneuten schmerzhaften Erfahrung bewahren.

Es zieht dabei alle Register, um uns aus einer ähnlichen Situation herauszuholen bzw. uns erst gar nicht hineingeraten zu lassen. Auf diesem Weg entstehen unsere relativen Wahrheiten, entsteht das Bild, das wir von uns selbst und der Welt haben.

Zunächst bedient sich unser Unterbewusstsein bei seiner Verhinderungsarbeit vielleicht noch relativ harmloser Bedenken, die uns etwas als unvernünftig und gefährlich erscheinen lassen und zum Ausstieg drängen: *Lieber bitte nicht … wir müssen ja auch nicht unbedingt … wir sollten vielleicht erst noch mal … andere hatten ja auch schon Pech damit … warum ausgerechnet wir? … usw.*

Setzen wir uns über diese Bedenken hinweg, beschließen wir, einmal mutig zu sein und uns nicht – wie in ähnlichen Fällen wahrscheinlich schon so oft geschehen – wieder zurückzuziehen, zieht das Unterbewusstsein womöglich die Karte der Angst, und eine solche Angst kann uns dann schon etwas heftiger durchrütteln: Herzrasen, Schweißausbrüche, Schwindel, Frieren usw.

Angst macht immer eng.

Angst macht auch unsere Gefäße und Blutleitungsbahnen eng und so braucht unser Herz dann mehr Druck und auch mehr Schläge, um die wichtige Durchblutung des Hirns, das auch unser gesamtes autonomes Nervensystem steuert, aufrechtzuerhalten. Unser Herz pocht. Wir haben das Gefühl, dass uns das Herz in der Kehle sitzt. Jetzt wird es ernst!

Wollen wir auch dann noch – ungeachtet dieser Symptome – weitergehen, kann uns das Unterbewusstsein zum Beispiel mit einem Ohnmachtsanfall völlig aus dem Verkehr ziehen und uns im wahrsten Sinne des Wortes flachlegen.

Nichts Besorgniserregendes! Ganz im Gegenteil! Wenn wir flachgelegt werden, hat das Herz es entschieden leichter, die lebens-notwendige Blutversorgung des Hirns aufrechtzuerhalten. Es muss nicht mehr eine aufrechtstehende Säule durchfluten. Die nunmehr flachliegende Säule macht ihm die Arbeit entschieden leichter. Unser Hirn wird schneller, leichter und sicherer erreicht. Also ein durchaus sinnvoller Schutzmechanismus.

Nun habe ich hier einen möglichen Ablauf zkizziert, der exakt so wohl nur sehr selten vorkommt. Aber dieser Ablauf zeigt ein Stufensystem, das für unser Unterbewusstsein typisch ist. Wann und in welcher Form die einzelnen Stufen gezündet werden, ist abhängig von der jeweiligen Situation und der Einstufung ihrer Gefährlichkeit – Lapalie oder Überlebensgefahr?

Es gibt unendlich viele Interventionsmöglichkeiten unseres Unterbewusstseins von der einfachen Erkältung angefangen über Kopfschmerzen, Rückenschmerzen, Schwierigkeiten in der Sexualität bis zur psychogenen Blindheit oder Taubheit – wir wollen und können irgendwann nichts mehr hören oder sehen.

Die Einstufungen unseres Unterbewusstseins sind rein subjektiv, erfolgten ausschließlich auf der Plattform unserer individuellen Erfahrungen und haben mit klarer Logik absolut nichts zu tun.

Mit Überlebensgefahr ist dabei in den seltensten Fällen das physische Überleben gemeint.

Höchste Gefahr wird vor allem dann signalisiert, wenn unsere bisherigen Denk- und Verhaltensmuster in Frage gestellt werden. Wenn das mühsam erlernte System, mit dem wir bisher so einigermaßen zurechtgekommen sind und mit dem wir unseren Platz gefunden haben, unterlaufen wird.

Hier wird dann das Unterbewusstsein,
das uns ja eigentlich vor Gefahr
schützen will,
zu einer machtvollen Bremse,
die uns am Weiterkommen hindert.

Da wir aber genau das in diesem Buch vorhaben, den engen Käfig unseres Denkens zu sprengen, dadurch ein entscheidendes Stück weiterzukommen und unser Leben womöglich neu zu ordnen, werden Sie früher oder später mit den im Prinzip ja gut gemeinten vielfältigen Hinterhältigkeiten Ihres treu sorgenden Unterbewusstseins konfrontiert werden.

Darauf müssen Sie vorbereitet sein oder Sie haben keine echte Chance, den Käfig Ihres Egos jemals zu verlassen. Wenn Sie es dann fertigbringen, den nötigen Abstand herzustellen und dem Treiben Ihres Unterbewusstseins amüsiert zuzuschauen, sind Sie auf der richtigen Seite. Aber das werden wir noch vertiefen.

Mit Stärke, mit Wollen oder Selbstdisziplin hat dies alles rein gar nichts zu tun. Wenn sich Ihr bewusstes Wollen gegen die unbewusste Ebene stellt, siegt immer und ausschließlich die Trickkiste Ihres Unterbewusstseins. Die oft gehörte Meinung „Man muss nur wollen, dann kann man auch" ist lediglich der Beweis des Nichtwissens über die tatsächlichen Abläufe.

Sie haben keine Chance, außer sich auf die gleiche Ebene zu begeben und sich ähnlicher Tricks zu bedienen. Sie können Ihr Unterbewusstsein nur in seiner eigenen Funktiosweise überlisten.

Wenn Sie bisher schon versucht haben einiges in Ihrem Leben zu ändern und dabei immer wieder gescheitert sind, machen Sie auf keinen Fall den Fehler, sich nun dadurch als zu schwach oder gar unfähig zu sehen.

Es fehlte Ihnen lediglich das richtige Werkzeug zu dem, was Sie vorhatten.

3

Die Zielsetzung

Nachdem wir uns im vorherigen Kapitel in groben Zügen mit der Funktionsweise unseres Unterbewusstseins beschäftigt haben, möchte ich jetzt mehr in die Praxis gehen und mit Ihnen gemeinsam einmal das Beispiel einer konkreten Zielsetzung durcharbeiten. Ich habe ja schon mehrfach betont, wie wichtig es ist, dass Sie eine klare Vorstellung davon haben, was Sie wollen, und nicht nur davon, was Sie nicht wollen.

Was wir jetzt miteinander durchleuchten, kann natürlich nur ein Beispiel sein, das ich aus meiner Praxis heraus so wirklichkeitsnah wie möglich berichten werde. Natürlich kann und darf ich dabei keine konkreten Namen nennen.

Die äußeren Lebensumstände eines Menschen mögen zwar oft denen eines anderen sehr ähnlich sein, sind aber bei näherem Hinsehen doch immer grundverschieden, denn das, was wir nicht sehen können – die mentale Ebene –, ist niemals gleich. Es gibt keinen Menschen, den es zweimal gibt. Gerade die mentale Ebene ist aber von großer Bedeutung.

Lässt sich ein Mensch mental hängen, hat er sich in sein sogenanntes Schicksal ergeben, weiß er, dass sich bei ihm sowieso nichts ändern wird, dass er schon immer Pech hatte, dass er noch nie genügend Geld hatte und immer nur ausgenutzt wurde, dann wird sich bei ihm wohl kaum etwas ändern können. Er weiß ja, dass sich nichts ändern wird und sein Wissen wird zwangsläufig zu seiner Wahrheit werden und ihn ausbremsen.

Die Überzeugung, dass sich ohnehin nichts ändern wird, ist eine so mächtige geistige Ursachensetzung, dass sich tatsächlich nichts ändern kann. Wieso und woher auch? Der Mensch blockiert sich ja selbst.

Eine solch negative Grundüberzeugung verhindert jede Änderung schon im Ansatz – „wird ja doch nichts – hab ja eh schon alles versucht". Eine positive geistige Ursachensetzung hingegen – „ich pack´s an und irgendwie wird´s schon werden" – öffnet zumindest die Wege zu einer Änderung. Hier ist dann zumindest etwas möglich, wenn das Ganze auch nicht unbedingt als perfekt zu bezeichnen ist. Die Tür ist jedenfalls offen.

Der Mensch ist das, was er denkt.

Unsere Gedanken und Vorstellungen sind wie Bestellscheine, die wir an ein Versandhaus schicken. Es wird das geliefert, was wir bestellt haben.

Vielleicht legen Sie das Buch an dieser Stelle einmal beiseite und unterziehen Sie Ihre eigene Gedankenwelt einer kritischen Betrachtung.

Welche Bestellscheine schicken „Sie" täglich ab?

Wollen Sie das wirklich bekommen, was „Sie" da bestellen?

* * *

Bei jeder Zielsetzung ist natürlich zuerst einmal der Ist-Zustand zu analysieren, also die Plattform, von der aus das Ziel erreicht werden soll. Wie ist das Hier und Jetzt? Wie sind die augenblicklichen

Lebensumstände? Wo stehe ich jetzt und wo möchte ich hin? Ich möchte Ihnen dazu einmal folgenden Fall nahebringen:

Marlene, eine einunddreißigjährige alleinerziehende Mutter eines zehnjährigen Sohnes und gelernte Einzelhandelskauffrau, lebt in einer bescheidenen 65 Quadratmeter großen Zweizimmerwohnung in einer mittelfränkischen Kleinstadt. Sie arbeitet vormittags sechs Stunden als Kassiererin in einem Supermarkt, was zusammen mit den Unterhaltszahlungen des Vaters ihres Sohnes gerade so zum Überleben reicht.

Große Sprünge können sich die beiden nicht leisten. So etwas wie Urlaub ist leider nicht möglich und der Finanzbedarf ihres heranwachsenden Sohnes wird immer größer. Sie möchte ihn aber vor seinen Klassenkameraden nicht abseits stehen lassen. Es war zum Beispiel sehr schwierig für sie, zumindest das Geld aufzutreiben, das ihr Sohn für eine Klassenfahrt benötigte. Sie hatte dazu sogar ihre Eltern um Hilfe gebeten, was sie sonst aus Stolz nicht tat.

Sie kleidet sich recht bescheiden und auch der Friseur muss sicher ein wenig länger auf sie warten, als dies bei anderen Damen üblich ist. Eine Freundin schneidet ihr wenigstens ab und zu mal die Haarspitzen und rasiert ihr den Nacken aus.

Natürlich versucht sie noch etwas nebenher zu verdienen, aber das ist leider immer nur sehr unregelmäßig möglich. Vor allem muss sie nachmittags für ihren Sohn da sein, denn ohne ihre Anwesenheit und ihren entsprechenden Druck hätte er seine Hausaufgaben wohl nie erledigt. Das Schlimmste wäre es für sie, wenn er auch noch sitzen bliebe. Dann hätte sie wohl auch darin versagt.

Mit Männern hat sie mehr oder weniger abgeschlossen. Die wollten immer nur das Eine, aber Verantwortung wollten sie nicht übernehmen. Sie hat in dieser Beziehung immer nur Pech gehabt und fühlte sich nur aus-

genutzt. So dumm wollte sie in Zukunft nicht mehr sein. Ihr Sohn ist ihr nun das Wichtigste im Leben. Er braucht sie und ihm soll es einmal besser gehen. So hat ihr Leben jedenfalls einen Sinn und zudem wäre es für ihren Sohn wohl sehr schwierig, plötzlich einen neuen Mann neben seiner Mutter akzeptieren zu müssen.

Für ihr Alter hat sie nicht vorgesorgt (woher auch, wie sie meint), und das macht ihr natürlich ebenso Angst wie ihre völlig unsichere Zukunft generell. Über das, was wäre, wenn sie einmal ihren Job verlieren sollte, will sie lieber nicht nachdenken. Aber sie hat ja ihren Sohn und der wird seine Mutter ja wohl auch später nicht ganz vergessen.

* * *

Wie ist Ihr Gefühl, wenn Sie diese Beschreibung eines Ist-Zustandes lesen? Haben Sie das Gefühl, dass sich im Leben dieser Marlene etwas ändern kann oder vielleicht sogar ändern wird? Ich denke, dass dies eher nicht der Fall sein wird, und ich will Ihnen erklären, warum ich das so sehe.

Sie blockiert mit ihrem eigenen Denken jede mögliche Änderung. Sie sitzt im Käfig ihrer Gedanken und findet keinen Ausgang. Vielleicht würde sich ein Ausgang auftun, wenn sie irgendwann einmal den richtigen Mann kennenlernen würde.

Aber wie soll das geschehen? Sie hat das Thema Partner in ihrer Gedankenwelt doch mehr oder weniger abgeschlossen. Sie hat zugemacht, statt sich zu öffnen. Sie ist nicht erreichbar. Nicht für einen Partner und für die Fülle der Schöpfung schon gar nicht.

Sie lebt in der Mangelverwaltung
und Mangel zieht immer nur
weiteren Mangel an.

38

Ungerecht? Nein, lediglich eine geistige Gesetzmäßigkeit, die ich für oder gegen mich wirken lassen kann.

Reichtum zieht Reichtum an, Armut zieht Armut an, Unglück zieht Unglück an, Glück zieht Glück an. Ein Glücklicher und ein Unglücklicher finden nicht zueinander.

Nun könnte man natürlich sagen, dass Marlene in ihrer Situation doch gar nicht anders kann, als den Mangel zu verwalten. Es reicht nun mal hinten und vorne nicht, sie muss sich alles sehr bewusst einteilen und ihre Sorgen kann man doch durchaus verstehen.

Wenn Sie so denken, machen Sie einen ganz entscheidenden Fehler. Sie nehmen die materielle Ebene zum Maßstab und lassen dabei außer acht, dass die materielle Ebene immer nur das Ergebnis von Ursachensetzungen auf der geistigen Ebene ist. Geist steht über Materie. Geist schafft die Materie. Geist ist die Ursache von Materie.

Entscheidend für eine mögliche Änderung ist nicht, dass Marlene arm ist, wenn wir das mal so uncharmant feststellen wollen.

Entscheidend ist allein, ob sie sich auch arm fühlt und denkt.

Entscheidend ist allein, ob sie ihre jetzige Situation als ein kurzes Zwischenstadium ansieht, das sich schon bald wieder ändern wird, oder ob sie sich damit endgültig abfindet.

Entscheidend ist allein, ob sie sich damit gedanklich identifiziert oder ob das mit ihr eigentlich gar nichts zu tun hat.

Wenn Sie schon andere Bücher von mir gelesen haben, wissen Sie, dass ich immer gerne Beispiele aus meinem eigenen Leben mit einflechte. Ich lehre in meinen Büchern nichts, was ich nicht selbst gelebt und erlebt habe.

Also, mein eigener Vater war ein ungelernter Fabrikarbeiter, der, wie in meiner Jugend üblich, am Freitag eine Lohntüte mit Bargeld bekam, deren Inhalt dann bis zum nächsten Freitag reichen musste, was aber nur selten funktionierte.

Sehr oft wurde ich dann am Donnerstagnachmittag zum örtlichen kleinen Tante-Emma-Laden geschickt, um dort 1/8 einfache Leberwurst zu kaufen, damit mein Vater zumindest etwas auf seinem Brot hatte. Dieses 1/8 einfache Leberwurst musste ich an einem Donnerstag natürlich anschreiben lassen.

Ich bin also im absoluten Mangel aufgewachsen und weiß aus eigener Erfahrung, was Hunger ist. Mein größtes Glück bestand darin, noch irgendwo einen möglichst steinharten, alten Brotanschnitt zu finden (Kööschke nannte man das im Rheinland), den ich dann ganz langsam im Mund aufweichen konnte, damit ich möglichst lange etwas davon hatte. Aber wann war so etwas schon mal zu finden?

Soweit mir das heute bewusst ist, begann ich schon mit dreizehn bis vierzehn Jahren, mich innerlich von dieser Situation völlig zu distanzieren. Mir war klar, dass dies nicht mein Leben sein würde, mir war klar, dass es mir gut gehen würde, mir war klar, dass ich Bücher schreiben würde. Warum das so war, kann mein begrenzter Verstand weder mir selbst noch Ihnen erklären. Dies geschah wohl auf einer ganz anderen Ebene.

Als ich mit vierzehn Jahren zwischen einer Lehre zum Graveur oder einer Lehre zum Schriftsetzer wählen konnte, wählte ich natürlich den Schriftsetzer, einen Beruf, den es heute nicht mehr gibt. Ich fühlte mich nun immerhin als ein Jünger Gutenbergs, wurde zunftgerecht gegautscht und fühlte mich den Büchern nahe. Eine Illusion, wie ich heute weiß, aber im Sinne einer geistigen Ursachensetzung hat sie funktioniert.

Mein Weg bestand aus einer Aneinanderreihung vieler kleiner Anstöße im Äußeren wie im Inneren, die ich heute insgesamt als eine übergeordnete geistige Führung erkenne, für die ich unendlich dankbar bin. Diese Führung hat mich ein Leben lang begleitet.

Wir werden nie alleine gelassen
und wir werden nie überfordert.
Auch Sie nicht!

Wenn wir einen langen und schweren Weg vor uns haben, haben wir auch die Kraft und die Erfahrung, ihn zu gehen, oder wir hätten diesen Weg nicht.

Einmal war es mein Lehrer in der Volksschule, dem ich sehr viel verdanke, dann auch ein Lehrer in der Berufsschule, der mir einmal unter eine schriftliche Arbeit folgenden Satz schrieb: „Versuche nicht Stufen zu überspringen – wer einen weiten Weg hat, läuft nicht". Er hatte das richtig gesehen, ich hatte einen weiten Weg vor mir.

Dann hatten wir in unserem kleinen Häuschen, das mein Vater in einer Selbsthilfe-Genossenschaft erbaut hatte, einen Untermieter, der als junger Ingenieur in einer nahegelegenen Landmaschinenfabrik arbeitete. Er nahm mich des öfteren zu einer Fahrradtour mit und ich konnte mit ihm über Gott und die Welt reden, wie man so schön sagt. Auch dessen Einfluss änderte meine Gedankenwelt ganz entschieden. Nun könnte man sagen, dass ich halt Glück gehabt habe, aber das allein stimmt so nicht.

Jeder Mensch bekommt immer und überall solche Anstöße. Wir werden geführt, wir werden geschützt, wir werden getragen. Dies gilt auch für Sie, lieber Leser/in.

Wir müssen uns nur solchen Anstößen und solcher Führung öff-
nen. Wir müssen erreichbar sein, wir müssen bereit sein, das Alte
abzubrechen, und das ist nicht leicht.

Wir müssen die Hände frei haben, um zu empfangen. Solange un-
sere Hände am Gewohnten festhalten, so lange können sie nichts
Neues ergreifen.

Nun will ich Sie mit meiner eigenen Geschichte nicht weiter lang-
weilen. Schauen wir uns besser den Ist-Zustand der Marlene einmal genauer an. Die darin sichtbar werdenden Gesetzmäßigkeiten
können Sie auf jede andere Situation übertragen, gleichgültig, ob
Sie nun einen eigenen kleinen Handwerksbetrieb führen oder irgendwo im Management tätig sind, sich Sorgen um Ihre Gesundheit machen oder Schwierigkeiten mit Ehe und Familie haben.
Geistige Gesetze gelten immer und überall. Wie oben, so unten
– wie innen, so außen – wie im Größten, so im Kleinsten.

Beginnen wir nun mit unserer Analyse.

1. Gegen die geschilderte Wohnsituation der Marlene ist im Prin-
zip nichts einzuwenden.

Entscheidend ist allein, wie sie sich dabei fühlt. Fühlt sie sich dadurch abgestempelt, aussortiert und ins Abseits gestellt, oder findet sie es ganz normal, dass zwei Leute, Mutter und Kind, nicht
mehr als 65 qm benötigen, um glücklich und zufrieden miteinander leben zu können.

Entscheidend sind nicht die 65 qm. Entscheidend ist allein, was sie
für Marlene bedeuten, welche Ich-Identifikation sie daraus ableitet.

2. Täglich sechs Stunden Arbeit als Kassiererin in einem Supermarkt kann man so oder so werten.

Als sechs Stunden Plackerei oder eine tägliche Sechs-Stunden-Chance, andere Menschen kennenzulernen, vielleicht ein paar nette Worte mit ihnen zu wechseln und womöglich sogar dieses oder jenes Angebot oder eine Einladung zu erhalten?

Also, die nette Frau Marlene, die würde doch auch zu uns und unserem Geschäft passen. Wie die mit Menschen umgehen kann ..., hat die nicht auch einen Sohn, der so alt ist wie unserer?

3. Große Sprünge kann sie sich nicht leisten!

Aber was wären „große Sprünge"? Wären das acht Tage Zelturlaub mit ihrem heranwachsenden Sohn an einem mit dem Fahrrad erreichbaren nahegelegenen See, oder wären das eher der Luxusurlaub auf den Malediven. Es ist immer eine Frage, womit ich mich vergleiche, aber warum vergleiche ich mich überhaupt?

Die acht Tage im Zelt mit seiner Mutter und abendlichem Feuer, auf dem dann etwas Essbares gebruzzelt wird, wären für ihren Sohn sicher das größere Erlebnis als die Malediven, wo sie dann die Yachten der Reichen und Superreichen bewundern könnten und sich dabei doch wieder arm fühlen, obwohl sie doch auch auf den Malediven sind. Aber sie können sich halt nur eine Pauschalreise mit Unterkunft in einem kleinen Zwei-Sterne-Hotel leisten.

4. Sie kleidet sich recht bescheiden und auch der Friseur ...

Die Kleidung eines Menschen ist Ausdruck seiner eigenen Wertschätzung, ist Ausdruck seines eigenen Selbstbildes. Ich kann mich schick und geschmackvoll kleiden, ohne dass es gleich irgendwelche Top-Modemarken sein müssen. Wenn ich die Zeit der Sonderverkäufe nutze, kann ich für wenig Geld wirkliche Schnäppchen an Land ziehen. Mag mir in diesem Land keiner erzählen, dass er leider kein Geld hat, sich etwas Geschmackvolles anzuziehen.

Schön, wenn eine Freundin ihr die Haarspitzen schneidet und den Nacken ausrasiert. Entscheidend ist allein das Ergebnis und nicht der Weg, auf dem es zustande gekommen ist. Vielleicht sieht es noch ein wenig gekonnter aus, wenn das ein Star-Friseur macht, aber es ist doch allein wichtig, dass es gemacht wird, dass ich mir dies wert bin. Hier habe ich an unserer Marlene rein gar nichts auszusetzen.

5. Natürlich versucht sie noch etwas nebenher zu verdienen ...

Hier bin ich wieder ganz und gar nicht einverstanden. Weniger mit der Tatsache, dass sie dies versucht, als mit dem Umstand, dass sie dies leider immer nur sporadisch kann, weil sie ja für ihren Sohn da sein muss. Hier ist eine völlig falsche Weichenstellung zu erkennen.

In ihrer Situation hat sie keine andere Wahl, als ihren Sohn zur Eigenständigkeit zu erziehen. Sie sollte den Mut haben, ihn in der Schule auch einmal wegen nicht oder nur unzureichend gemachter Hausaufgaben reinrasseln und sich blamieren zu lassen. Wenn sie ihn dagegen immer wieder absichert, kann er diese für ihn sicher wichtige Erfahrung nicht machen. Sie schadet ihm durch ihre Fürsorge mehr, als sie ihm nutzt.

Das Problem ist, dass „sie" sich blamiert fühlt, wenn ihr Sohn sich blamiert. Sie lebt sich selbst durch ihren Sohn, denn mit ihrem eigenen Leben hat sie ja mehr oder weniger abgeschlossen. Wenn es ihm nur gut geht, wenn er nur weiterkommt, wenn es ihm nur später einmal besser geht.

Ich will nicht ungerecht sein, aber auch das „Leben durch seine Kinder" ist eine Form von Kindesmissbrauch. Mag jetzt auch so mancher aufschreien, wenn ich ihm damit das doch so bequeme Alibi für seine eigenen Lebensdefizite nehme.

Ihre Zuversicht, dass ihr Sohn sie später einmal nicht ganz vergessen wird, wird mit größter Wahrscheinlichkeit bitter enttäuscht werden. Sie hat ihm doch selbst beigebracht, dass es allein um ihn geht und sie nicht wichtig ist. Sie hat sich doch selbst an die letzte Stelle gesetzt, ihr Sohn hat das doch so gelernt.

* * *

Die Technik des Tagesberichts

Sehr oft bitte ich in meinen Einzel-Intensivwochen einen Teilnehmer darum, einen Tagesbericht zu schreiben. Dies stößt zunächst auf Verwunderung, denn so etwas scheint ja wohl eine relativ einfache Angelegenheit zu sein. Einfach allerding nur so lange, bis ich die einzige kleine Schwierigkeit eines solchen Berichtes nenne, nämlich das Datum. Dieses Datum liegt immer um exakt 10 Jahre voraus. Wenn wir also den 14. April 2014 schreiben, wäre ein Tagesbericht vom 14. April 2024 gefordert.

Aber wie kann ich heute wissen, was in genau 10 Jahren sein wird? Wie kann ich darüber heute einen Bericht schreiben, und zwar einen „authentischen Bericht", wie ich es dann sehr deutlich einfordere. Kein „es wäre schön", kein „ich möchte gerne".

Ganz im Gegenteil, es ist bereits so, ich rieche, ich schmecke, ich erlebe, ich bin bereits angekommen und berichte.

Manche Menschen freuen sich auf eine solche Aufgabe, wollen am liebsten gleich loslegen und kommen am nächsten Tag mit einem mehrseitigen Bericht zurück. Anderen wiederum erscheint dies als eine unlösbare Aufgabe, sie haben sich stundenlang gequält, um wenigstens eine halbe Seite zustande zu bringen und nicht mit leeren Händen zu kommen. Ihr Verstand hat sie immer wieder ausgebremst, hat ihnen immer wieder alle Argumente geliefert, warum so etwas nur ein ausgemachter Quatsch sein kann.

Eine solch einfache Aufgabe zeigt in beeindruckender Weise den Härtegrad der Blockaden in einem Menschen. Was lässt das Unterbewusstsein noch zu und wo streikt es ganz entschieden?

Natürlich gibt es auch dabei Grenzen. Sollte jemand seinen Bericht damit beginnen, dass er oder sie inzwischen zum Präsidenten/in der Vereingten Staaten von Amerika gewählt wurden und selbstverständlich im Weißen Haus residieren, dann scheitert ein solches Gespinst womöglich schon an der einfachen Frage der Staatsbürgerschaft. So etwas ist dann tatsächlich Quatsch.

Ansonsten gibt es keine Grenzen außer denen, die wir uns selbst setzen.

Wenn ich heute als junger Ingenieur bei Mercedes einsteige und mir nicht vorstellen kann, einmal der Chef der gesamten Entwicklung zu werden, werde ich es wohl auch nie werden. Natürlich gibt es keine Garantie dafür, dass ich es werde, selbst wenn ich es mir vorstellen kann – die brauchen natürlich immer nur einen einzigen –, aber meine Einstellung macht es zumindest möglich, hält zumindest den Weg dorthin offen.

Vielleicht endet dann dieser Weg in einer ganz anderen Firma, in ungefähr gleicher Position, oder auch in einem eigenen Ingenieurbüro, das seine Aufträge aus der Autoindustrie oder gar von Mercedes bekommt. Die Wege, auf denen geistige Ursachensetzungen nach Manifestation in der Materie suchen, sind für unseren kleinen, begrenzten menschlichen Verstand nicht voraussehbar.

Aber gehen wir nun wieder zum Beispiel unserer Marlene zurück. Der Tagesbericht, den sie mir vorlegte, umfasste gerade einmal ein halbe Seite DIN A 4, handgeschrieben natürlich. Sie sagte, dass sie dazu fast zwei Stunden gebraucht habe und auch jetzt noch nicht begreifen könne, was das eigentlich soll. Sie könne doch nicht einfach so tun, als ob …

Das, was sie mir ablieferte, möchte ich Ihnen natürlich nicht vorenthalten:

Es ist sechs Uhr morgens und der Wecker klingelt.

Ich muss aufstehen, um pünktlich auf der Arbeitsstelle zu sein.

Ich stelle fest, dass mein Sohn heute Nacht nicht nach Hause gekommen ist. Habe auf ihn gewartet, aber irgendwann muss ich wohl eingeschlafen sein. Er übernachtet wahrscheinlich bei seiner Freundin.

Ich hoffe, dass sie ihm ein gutes Frühstück bereitet, denn ich weiß ja, wie wichtig das für ihn ist. Wenn er nicht gut gefrühstückt hat, kommt er nicht richtig in die Gänge.

Im Bad betrachte ich kritisch mein Gesicht und versuche das Beste daraus zu machen. Die Jeans von gestern kann ich heute ruhig noch einmal anziehen, wähle aber eine andere Bluse dazu.

Das Radio meldet wie immer die ersten Verkehrsstaus.

Ich mache mir schnell ein Brot und esse es im Stehen. Den Tisch für mich alleine zu decken lohnt sich nicht.

In der Arbeit läuft der Tag wie immer ab und ich freue mich schon auf den Abend. Ich überlege, was ich kochen werde, wenn dann mein Sohn da ist.

Was empfinden Sie ganz spontan bei einem solchen Bericht? Bedenken Sie dabei bitte, dass so etwas wie ein Bestellschein wirkt, den wir ausfüllen. Ich habe so einen Vergleich nicht zufällig gewählt. Es ist eine geistige Ursachensetzung, die nach Manifestation sucht.

Marlene sollte in einem authentischen Bericht festhalten, wie ein Tag ihres Lebens in zehn Jahren abgelaufen ist. Sie sollte bereits im Endergebnis leben und dabei einmal alle Zäune und unüberwindbaren Hecken ihres kleinen begrenzten Verstandes niederreißen. Es sollte so etwas wie die Chance sein, sich ein ganz neues Leben zu bestellen.

Natürlich können wir uns kein neues Leben bestellen. Die Schöpfung hat keine Versandabteilung. Aber Sie wissen, was ich mit meiner Formulierung meine. Mit einem solchen Tagesbericht, mit einer solchen Vorstellung von meinem zukünftigen Leben, mit dem Erleben, dass es bereits so ist, öffne ich zumindest die Tür dorthin. Ich halte es für möglich, ich sehe es bereits so. Dies entwickelt dann eine gewisse Eigendynamik. Dies ist dann eine geistige Ursachensetzung, die nach Manifestation in der Materie sucht.

Was Marlene hier entwickelt hatte, war das genaue Gegenteil. Es war Stillstand statt Fortschritt.

Noch immer drehte sich ihr Leben um das Leben ihres inzwischen zwanzigjährigen Sohnes. Dieser Sohn ist eher zu bedauern, als zu beneiden. Für ihn wäre es wichtig, seine Mutter zumindest etwas abzuschütteln.

Ja, es wäre sogar für beide gleichermaßen wichtig. Sie behindern sich gegenseitig. Sie verfolgt ihn gedanklich sogar beim Frühstück mit seiner Freundin und er wird wahrscheinlich am nächsten Tag brav nach Hause gehen, weil er seine Mutter, die ja gestern schon auf ihn gewartet hatte, nicht wieder enttäuschen will.

Ihr eigener Tag läuft ab wie immer. Sie versucht vor dem Spiegel das Beste aus ihrem Gesicht zu machen und zieht zumindest eine andere Bluse an. Wie großartig. Sie isst im Stehen schnell ein Brot, denn es lohnt sich nicht, den Tisch für sich alleine zu decken. Sie ist sich das alleine offensichtlich nicht wert. Ihr übriger Tag läuft dann ab wie immer.

Wie, wo und warum könnte oder sollte sich in diesem Leben etwas ändern?

In einem langen Gespräch habe ich dann dieser Marlene all das, was ich Ihnen hier darlege, versucht bewusstzumachen. Es war ein mühsames Unterfangen und ich bin sicher, dass Sie als Leser die Zusammenhänge viel schneller erkannt haben, als Marlene sie erkennen konnte.

Dies allerdings ist völlig normal. Für denjenigen, der tief in seinen eingefahrenen Verhaltensstrukturen steckt, ist ein solches Erkennen viel schwieriger als für jemanden, der von außen draufschaut. Aber ich hatte den Eindruck, dass sie am Ende verstanden hatte, dass sie endlich bereit war, die Fenster einmal ganz weit zu öffnen, frische Luft in ihr Leben zu lassen und den alten Mief durch einen kräftigen Durchzug zu verabschieden. Das Ganze ging natürlich nicht ohne ein paar Tränchen. Schauen Sie sich ihren darauf neu formulierten Tagesbericht einmal an.

* * *

Nach einer ruhigen und erholsamen Nacht wache ich auf. Licht blinzelt durch einige Ritzen der nicht ganz geschlossenen Rollos. Neben mir höre ich das gleichmäßige und ruhige Atmen meines geliebten Partners. Ich schaue ihn zärtlich an und bewege mich ganz vorsichtig, um ihn nicht zu wecken. Ich mag seine markanten Gesichtszüge, die nun völlig entspannt sind und Milde und Güte ausdrücken Ich fühle mich wunderbar geborgen neben ihm.

Nachdem ich mich im Bad frisch gemacht habe, bereite ich in der Küche leise das Frühstück. Ich habe Brötchen aufgebacken und ihr Duft vermischt sich mit dem Duft des frisch aufgegossenen Kaffees. Nun wecke ich meinen Schatz mit einem zärtlichen Kuss, denn auch er muss heute zur Arbeit.

Er zieht mich noch einmal ganz fest an sich und dann verschwindet er im Bad. Ich höre das Rauschen der Dusche und gieße schon mal den Kaffee ein. Wir haben noch eine viertel Stunde Zeit miteinander, bevor wir dann jeder unserem Beruf nachgehen müssen.

Ich fahre mit dem Fahrrad in den Blumenmarkt, in dem ich jetzt arbeite. Es ist ein Filialunternehmen und man hat mir als gelernte Einzelhandelskauffrau sogar die Leitung übertragen. Ich habe dazu noch eine Menge lernen müssen, denn es werden natürlich auch gärtnerische Kenntnisse von mir verlangt. Aber wenn es kritisch wird, habe ich ja noch zwei ausgebildete Gärtner in meinem Team. Ich bin vollkommen zufrieden und glücklich mit meiner Tätigkeit.

Für den Abend habe ich mich mit meinem Partner verabredet. Wir wollen in der Stadt bei Carlo noch eine Pizza essen, bevor wir dann gemeinsam nach Hause fahren. Auch meinem Sohn habe ich davon erzählt und er will versuchen mit seiner Freundin ebenfalls zu Carlo zu kommen. Weiß das Schlitzohr doch, dass das dann ein kostenloses Abendessen für die beiden bedeutet.

Zuhause öffnen wir dann noch eine gute Flasche Rotwein, sitzen aneinandergekuschelt auf dem Sofa und schauen einen Fernsehfilm an. Eigentlich möchte ich, dass die Zeit so stehen bleibt, aber der nächste Tag ruft und dann sollten wir ausgeschlafen sein.

Im Bett umarmen und küssen wir uns zärtlich und schlafen aneinandergekuschelt tief und fest ein.

Ich danke Gott für mein Leben und freue mich auf den nächsten Tag.

* * *

Vielleicht fanden Sie es mühsam, sich bis zu dieser Stelle durchzulesen, aber wenn Sie den ersten Tagesbericht mit diesem zweiten Bericht vergleichen, erkennen Sie unschwer die unterschiedliche Qualität der Ursachensetzung. Die Grenzen sind endlich gesprengt, die Enge ist überwunden. Hier kann sich etwas tun, hier kann sich etwas verändern. Die konkrete Vorstellung ihres zukünftigen Lebens wird eine gewisse Eigendynamik entwickeln und Marlene in diese generelle Richtung führen.

Ob es dann tatsächlich die Filiale einer Blumenmarktkette ist, in der sie arbeitet, oder ob es etwas anderes ist, ist dabei nicht von ausschlaggebender Bedeutung. Es wird jedenfalls etwas sein, das ihr Freude bereitet, und es wird ein Partner da sein, mit dem sie ihre neu gewonnene Lebensfreude teilen kann.

Ich habe ihr dann geraten, auch sofort gewisse Dinge einzuleiten, sich zum Beispiel um einen anderen Job zu bemühen, sich selbst mehr wert zu sein und sich nett und attraktiv zu kleiden, unter Menschen zu gehen, vielleicht einem Verein beizutreten, einen Sprachkurs in der Volkshochschule zu belegen und dergleichen.

Wir haben auch besprochen, dass sie jeden Abend ein zweites Kopfkissen neben sich legt und auf der Seelenebene die Einladung an den Partner ausspricht, der ihr Leben bereichern wird. Er wird dort liegen, es wird so sein, sie wird sein Gesicht betrachten, sie wird seinen Atem hören. Für Marlene ist dies die Wahrheit – sie lebt bereits im Endergebnis. Sie hat eine mächtige Ursache in die Schöpfung gesetzt.

Aber wie so oft kommt zu dem, was ich empfehle, auch gleichzeitig eine Einschränkung oder sogar Warnung.

Eine solche Ursachensetzung gibt lediglich die generelle Richtung an. Wir sollten sie zwar so konkret wie möglich in die Schöpfung setzen, damit sie Kraft entwickelt, müssen sie dann aber auch ganz bewusst wieder loslassen.

> Wir müssen der Schöpfung
> den nötigen Raum lassen,
> das Richtige für uns zu tun.

Wir wissen ja, dass es uns in die Richtung unserer Ursachensetzung führen wird, aber leider besitzen wir bei unserer Ursachensetzung nicht auch schon die Weisheit, zu wissen, ob alle Details unserer Ursachensetzung für uns auch tatsächlich richtig wären. Ob sie zum Beispiel mit unserer generellen Lebenslernaufgabe vereinbar sind. Wir können nicht beurteilen, ob bestimmte Vorstellungen unserer Zielsetzung uns weiterbringen würden oder eher das Gegenteil bewirken könnten.

Bei solchen Ursachensetzungen ist immer eine Menge Ego-Denken im Spiel. Wir wollen natürlich, dass es uns endlich besser geht. Dieses Bessergehen richtet sich dann aber in der Regel ausschließlich nach den Maßstäben unseres begrenzten Egos. Wir hätten es doch wirklich verdient ... endlich!

Ich empfehle deshalb, einer so starken Ursachensetzung, wie sie hier im Fall der Marlene geschehen ist, immer folgenden kleinen Satz hinzuzufügen:

„Wenn es für mich so richtig ist"

Ich weiß dann, dass es mich in die Richtung meiner Ursachensetzung führen wird, „wenn es für mich so richtig ist". Wenn dann einige meiner Vorstellungen so nicht in Erfüllung gehen, wie ich es mir vorgestellt hatte, dann waren sie für mich auch nicht richtig oder sie wären erfüllt worden.

Dies hat natürlich wiederum etwas mit dem Urvertrauen eines Menschen zu tun.

Ich weiß, dass ich geführt, dass ich geschützt und getragen werde.

Ich weiß auch, dass ein Funke der allumfassenden und mächtigen geistig-göttlichen Schöpferkraft in mir liegt – sie ist mein göttliches Erbe. Aber ich weiß ebenso, dass ich nicht Gott, sondern lediglich göttlicher Natur bin und der Führung bedarf. Ich weiß, dass ich noch ein Lehrling im Gebrauch der mir gegebenen geistigen Schöpferkraft bin.

Nun könnte man darin einen Widerspruch zu dem sehen, was ich hier als die Technik der geistigen Ursachensetzung aufgezeigt habe. Würde dann eine solche geistige Ursachensetzung überhaupt einen Sinn machen, wenn ich sie dann doch wieder loslassen soll. Wäre es dann nicht so etwas wie eine völlig überflüssige Nonsens-Übung?

Ich darf es vielleicht an folgendem Beispiel erklären: Wenn Sie sich als junger Mensch in einer Fahrschule zur Erlangung eines Führerscheins anmelden, dann ist Ihnen Ihr Ziel doch völlig klar. Sie wollen einmal völlig selbständig ein Automobil führen können und dann mit diesem Automobil hinfahren können, wo auch immer Sie hinfahren wollen.

Im Sinne einer bewussten „geistigen Ursachensetzung" sind wir alle noch in der Fahrschule.

Wir wenden die Kraft geistiger Ursachensetzungen in der Regel eher gegen uns als für uns an. Schön, wenn es dann einen Fahrlehrer gibt, der uns davor bewahrt, gegen die Fahrtrichtung in eine Einbahnstraße einzubiegen, der uns davor bewahrt, gegen die Richtung eines Kreisverkehrs zu steuern oder gar zum Geisterfahrer auf einer Autobahn zu werden. Schön, wenn es jemanden gibt, der uns geduldig das Einparken ohne Beulen, das behutsame Gasgeben und das rechtzeitige Blinken lehrt.

Seien wir dankbar für solche Korrekturen. Unser Ziel erreichen wir dadurch wesentlich schneller, als wenn wir versuchen würden, unseren Kopf bedingungslos durchzusetzen.

Wir vergeben uns nichts, wenn wir Hilfe annehmen oder sogar darum bitten. Wie ich es schon in anderen Büchern von mir gesagt habe, ist diese Erde so etwas wie eine Schöpfer-Schule in der wir den bewussten Umgang mit unserer eigenen geistigen Schöpferkraft zu erlernen haben. „Die Schöpfer-Schule Erde"

Freuen wir uns, wenn uns in dieser Schule geholfen wird. Freuen wir uns, wenn unsere Fehler korrigiert werden.

4

Die Macht des Bildes, das wir von uns selbst haben

Wie stehe ich in meinen eigenen Augen da?

Was denke ich darüber, wie andere mich sehen?

Wo sehe ich meine Stärken und wo sehe ich meine Schwächen?

Was traue ich mir zu und was traue ich mir nicht zu?

Wo sehe ich meinen Platz in der Gesellschaft, wie auch in meinem privaten Umfeld?

Im vorgehenden Kapitel habe ich Ihnen gezeigt, wie die Macht eines Bildes, das wir vor unserem geistigen Auge entwickeln, sich auf unser Leben auswirkt, ja, wie wir mit solchen Bildern im Sinne einer bewussten Ursachensetzung nicht nur heilen, sondern auch grundsätzliche Steuerungen für unsere Zukunft vornehmen können.

Noch weitaus mächtiger als in die Zukunft gerichtete Bilder wirkt sich natürlich das Bild aus, das wir im „Hier und Jetzt" von uns selbst haben. So, wie andere uns in eine bestimmte Schublade eingeordnet haben, haben wir auch uns selbst in eine bestimmte Schublade eingeordnet:

„Das ist nichts für uns … das konnten wir noch nie … davon lassen wir lieber die Finger … das brauchen wir gar nicht erst zu versuchen …

das ist nun mal nicht unsere Welt ... da gehören wir leider nicht hin ... dabei werden wir uns nur blamieren ... wir hatten halt noch nie Glück ... Schuster bleib bei deinem Leisten ... wer sich selbst erhöht, wird erniedrigt."

Es gibt eine Menge solcher Statements. Sie haben alle eines gemeinsam: Wenn wir sie uns zu eigen machen, wenn wir sie vorbehaltlos übernehmen, sperren wir uns selbst in einen Käfig, aus dem wir dann auch so schnell nicht mehr herauskommen.

Wenn wir weiterkommen wollen,
wenn wir unser Leben verändern wollen,
müssen wir zunächst einmal das Bild,
das wir von uns selbst haben,
einer kritischen überprüfung unterziehen

Mit diesem Bild stehen wir uns leider meist selbst im Wege.

Wir „über"-schätzen uns oder wir „unter"-schätzen uns.

Wir trauen uns zu viel zu, oder wir schließen es für uns aus.

Wir sehen uns an einem Platz, den wir nicht verlassen können.

Bei solch festgezurrten Bildern kann sich nichts ändern, außer wir stellen die Bilder und Meinungen, die wir von uns selbst haben, grundsätzlich in Frage, was nicht so einfach durch Beschluss zu machen ist. Dazu gehört schon eine etwas größere und intensivere Anstrengung.

Nun wird mancher sagen, dass das Bild, das wir von uns selbst haben, ja auf den Erfahrungen beruht, die wir ja auch selbst gemacht haben, und dass wir diese Erfahrungen doch nicht einfach ignorieren können. Wir können doch nicht einfach so tun, als wäre nichts gewesen. Schließlich waren manche dieser Erfahrungen sogar schmerzhafter Natur, wenn zum Beispiel Partner, auf die wir uns verlassen hatten, uns immer wieder sitzen ließen. Warum sollen wir uns dann erneut eine blutige Nase holen? So dumm ist doch kein Hund! Auch der lernt doch aus seinen Erfahrungen.

Ja, fürwahr, Hunde sind wirklich nicht dumm und lernen aus ihren Erfahrungen. Aber was lernen die besagten Hunde daraus? Sie lernen z.B., dass ein bestimmtes Verhalten nicht zum Ziel geführt hat. Das Loch im Zaun war leider nicht groß genug, um hindurchzuschlüpfen, obwohl der verdammte Kater von nebenan ihm genau das immer wieder vor Augen führt.

Also versucht der Hund sein Ziel auf einem anderen Weg zu erreichen. Irgendwann wird auch mal das Törchen einen Spalt offenstehen und genau dann braucht der Kater einen guten Schutzengel. Aufgeben und resignieren tut ein Hund nie. Er bleibt immer der Hund, der dem Kater von nebenan ans Fell will. Wenn es diesmal nicht ging, dann eben das nächste Mal.

Eine Erfahrung sagt immer nur aus, dass es „so" nicht ging oder, im positiven Fall, dass es „genau so" ging.

Eine Erfahrung sagt immer nur, dass das Ziel auf dem eingeschlagenen Weg „in diesem Moment" erreichbar oder eben nicht erreichbar war.

Eine Erfahrung sagt aber keinesfalls aus, dass das Ziel auch morgen wieder auf dem gleichen Weg erreichbar ist.

Eine Erfahrung sagt umgekehrt auch nicht aus, dass der heute erfolglose Weg nicht morgen wunderbar funktionieren könnte.

Erfahrung ist also etwas absolut Relatives.

Eine Erfahrung ist immer nur eine Momentaufnahme.

Wenn sich nun ein Mensch aufgrund eines oder auch mehrerer Fehlversuche in die Schublade „kann ich nicht" einsortiert hat, probiert er mögliche andere Wege erst gar nicht mehr aus.

Auch der Schutzmechanismus seines Unterbewusstseins will ihn dann vor weiteren Negativerfahrungen bewahren und so bleibt er auf der Stelle stehen und diese Stelle wird dann für ihn zur unumstößlichen Wahrheit – weil ja erfahren – Der Käfig ist zu.

Nun rede ich hier immer von dem Bild, das wir von uns selbst haben, aber das heißt nun keineswegs, dass wir es uns auch selbst so ausgesucht haben. Wir haben uns dieses Bild nicht freiwillig zugelegt. Auch dieses Bild ist ganz allmählich in uns gewachsen oder wurde mehr oder weniger in uns hineinkonditioniert. Auch diese Konditionierungen begannen schon in allerfrühester Kindheit.

Die positive Nachricht daran ist, dass wir das, was auf diesem Weg mehr oder weniger „zufällig" gewachsen ist, nunmehr durch „bewusstes" Handeln in eine ganz andere Richtug wachsen lassen können.

Das Bild, das wir von uns selbst haben, ist nicht für die Ewigkeit gemacht. Es ist ebenso im Fluss der Schöpfung, wie auch wir im Fluss der Schöpfung sind, solange wir nicht stur auf einem Fleck verharren und diesen Fleck als Wahrheit gelten lassen. Nichts bleibt so, wie es ist. Die Schöpfung steht keinen Moment still. Auch wir nicht!

Wenn wir gestern etwas nicht konnten, wenn wir gestern etwas nicht geschafft haben, dann heißt dies nicht, dass wir es auch in

Zukunft nicht können oder schaffen werden, außer wir glauben fest daran, dass wir es nicht schaffen können.

Immerhin könnten wir daran arbeiten und durch dieses Arbeiten zu ganz anderen Ergebnissen kommen. Was auf einem bestimmten Weg gewachsen ist, können wir auf dem gleichen Weg auch in eine andere Richtung wachsen lassen. Der Vorteil dabei ist, dass wir einen neuen Weg ganz bewusst einschlagen können, während die Erfahrungen auf dem alten Weg mehr oder weniger zufällig entstanden sind.

Ich muss immer wieder betonen, dass diese Mechanismen in beide Richtungen gleichermaßen wirken. Ein Stabhochspringer, der gestern leicht und locker 5,20 m übersprang, scheitert vielleicht heute schon an für ihn eigentlich völlig undiskutablen 4,90 m. Dann daraus Selbstzweifel und Unzufriedenheit abzuleiten, wäre wohl der größte Fehler, den er machen könnte.

Der Mensch ist kein computergesteuerter Automat, der zuverlässig immer und überall das gleiche Ergebnis ausspuckt. Wir sind keine Volkswagen, die baugleich vom Band laufen. Die in uns wirkenden Mechanismen sind weitaus komplizierter, aber auch flexibler als die eines Automobils.

*Der Mensch ist ein fehlbares Wesen
mit Höhen und Tiefen,
mit guten und mit schlechten Tagen.*

Wenn wir uns selbst auf einen so hohen Sockel stellen, dass wir keine Fehler mehr machen dürfen, so werden wir über kurz oder lang von diesem Sockel herunterkippen. Je höher der Sockel, desto schmerzhafter dann der Fall.

Oft höre ich den Satz: „Dass ausgerechnet mir so etwas passieren konnte – wie stehe ich jetzt da?" Sehen Sie, das ist solch ein Sockel. „Ausgerechnet mir", wo ich doch nahezu unfehlbar bin.

Wenn ich von mir sagen kann, dass ich mein Bestes gegeben habe, dann kann und muss ich mit mir zufrieden sein. Wenn ich dagegen erkennen muss, dass ich geschludert habe, dass ich mein Bestes nicht gegeben habe, dann sollte ich umgehend daran arbeiten und das Ergebnis korrigieren.

Das Problem dabei ist, dass ich gar nicht erst anfange, daran zu arbeiten, weil ich eine Änderung nicht für möglich halte. Schließlich weiß ich ja aus Erfahrung, dass ...

Ich möchte noch kurz auf eine Problem eingehen, über das mir immer wieder berichtet wird. Viele Menschen beklagen, dass ihnen immer erst hinterher – also nach einer aktuellen Situation – einfällt, was sie eigentlich hätten sagen sollen, wie sie sich eigentlich hätten verhalten sollen usw. Aber dann ist es ganz einfach zu spät. Sie wissen nun, wie sie sich hätten verhalten sollen und wie sie sich aber leider nicht verhalten haben.

Aus dieser Diskrepanz von „hätten sollen sein" und dem tatsächlichen Geschehen erwachsen dann tiefer Groll und Unzufriedenheit mit sich selbst. „Was war ich doch für ein Idiot ... "

Also, dass man nachher erkennt, wie man sich eigentlich hätte verhalten sollen, was man eigentlich hätte sagen sollen usw., ist doch immerhin eine *gewinnbringende Situation*: Ich habe etwas erkannt! Wenn ich dann aus dieser gewinnbringenden Situation eine tiefe Unzufriedenheit mit mir selbst entwickle, ist hingegen eine *verlustbringende Situation*. Ich ziehe mich selbst herunter.

Ich habe etwas erkannt, was mir die Chance gibt, es beim nächsten Mal besser zu machen. Schlimmer wäre es doch, ich würde es nicht einmal im Nachhinein erkennen, ich würde es als ganz normal hinnehmen – ich bin nun mal so –, dann würde ich tatsächlich keinen Schritt weiterkommen.

Dass ich es im Nachhinein erkenne, zeigt doch zumindest, dass es in mir ist, dass es mir grundsätzlich möglich gewesen wäre, dass es aber im entscheidenden Moment blockiert war.

Aber warum war es blockiert? Das gilt es zu analysieren und dabei stoße ich dann in meiner Praxis immer wieder auf das große Thema Angst. Angst, etwas Falsches zu sagen, Angst, etwas zu verlieren, Angst vor der Reaktion des Gegenübers, Angst, dann irgendwie komisch dazustehen usw. Also das pure Gegenteil von Urvertrauen, Selbstsicherheit und Selbstachtung.

Hieran gilt es in solchen Fällen zu arbeiten, statt sich durch Groll und Unzufriedenheit mit sich selbst noch tiefer in die Problematik einzugraben. Aber ich weiß, das dies leichter gesagt als getan ist, und in der Regel benötigen wir dazu eine professionelle Hilfe.

Bevor wir nun weitergehen, möchte ich Sie bitten, das Buch noch einmal zur Seite zu legen und das Bild, das Sie von sich selbst haben, einmal schriftlich festzuhalten.

Ihr Ego wird das wahrscheinlich gar nicht wollen und versuchen, Ihnen klarzumachen, dass Sie das doch sowieso schon genau wissen. Was soll also der Quatsch mit dem Aufschreiben – als wenn das etwas ändern würde. Ja, tatsächlich, das Aufschreiben alleine würde wirklich nichts ändern, aber wir tun es ja in einer bestimmten Absicht. Gehen Sie bitte Ihrem Ego durch solche Einflüsterungen nicht auf den Leim, machen Sie es trotzdem.

* * *

Mein Vorschlag: Nehmen Sie ein normales DIN-A4-Blatt, teilen Sie es durch eine senkrechte Linie in zwei Hälften. Schreiben Sie in eine dieser Hälften jeweils die von Ihnen als positiv gesehenen Aspekte und in die andere Hälfte die von Ihnen als negativ bewerteten Aspekte Ihres Selbstbildes auf.

Seien Sie sich dabei bewusst, dass Ihre Bewertungen rein subjektiver Natur sind. „Sie" sehen das so! Jemand anders mag das durchaus auch anders sehen und das, was Sie selbst als negativ bewerten, als etwas Positives oder gar Liebenswertes an Ihnen sehen.

Trotzdem, das Aufschreiben bringt Ihnen zumindest etwas Klarheit, es zwingt Sie zu Entscheidungen, es zwingt zu Formulierungen und Einsortierungen. Der ewige Kreisverkehr Ihres Gedankenkarussels wird unterbrochen. Sie ziehen eine nüchterne Bilanz. Sie betrachten das Bild, das Sie selbst von Ihrer eigenen Firma ICH haben.

Wenn Sie Ihre Aufzeichnungen gemacht haben, entscheiden Sie nunmehr, was Sie an diesem Bild verstärken wollen und was Sie umgekehrt abbauen wollen. Entwickeln Sie so etwas wie eine globale Marketingstrategie für Ihre Firma ICH.

Was ist Ihr Marketingziel? Welche Position im Markt (Umfeld) wollen Sie erreichen? Wie wollen Sie gesehen werden? Was unterscheidet Sie positiv von anderen Mitbewerbern? Mit was soll man Sie verbinden? Was soll ihr Hauptmerkmal sein? (Dies wird ausführlich in meinem Buch „Das eigene Leben erfolgreich managen" beschrieben.)

Unterstreichen Sie in Ihrer Aufstellung bestimmte Feststellungen mit der Farbe Grün (= „aufbauen und verstärken") und das, was Sie nicht weiterhin so akzeptieren wollen, mit der Farbe rot (= „abbauen und letztlich eleminieren"). Das, was keine farbliche Unterstreichung erfahren hat, bedeutet: „kann so bleiben".

Das Gebliebene ist quasi Ihr Fundament, und ich hoffe sehr, dass da noch einiges übrig geblieben ist. Eine totale Baustelle, auf der nichts so bleiben kann, wie es ist, wäre nur schwer zu verkraften. Allerdings ist mir ein solcher Fall in der Praxis noch nie begegnet.

* * *

Gehen wir wieder zu unserem Selbstbild zurück und dazu gehört natürlich auch das Bild, das wir von unserer äußeren Erscheinung haben. Vielleicht fühlen wir uns zu dick, zu dünn, zu groß, zu klein, zu nichtssagend, zu dominant oder was auch immer.

Überlegen wir auch hier einen Moment, was anders an uns sein müsste, damit wir ein positives Bild von uns selbst entwickeln könnten, und was diesem „Anderssein" entgegensteht? *„Ja, wenn doch wenigstens das …, dann würden wir uns schon ganz anders fühlen!"* Wenn Sie so denken, befinden Sie sich auf einem totalen Irrweg.

Wir können unser Innen nicht durch unser Außen beeinflussen. Das geistige Gesetz heißt: „Wie innen, so außen", und nicht umgekehrt. Das Innere baut das Äußere. Am Äußeren können wir das Innere erkennen.

Dieses Äußere bezieht sich immer auf die Gesamterscheinung eines Menschen und an dieser Gesamterscheinung ist das, was wir nicht konkret betrachten können, seine „energetische Ausstrahlung", das Entscheidende.

Wir können einen unsicheren und von Selbstzweifeln geplagten Menschen ausstaffieren, wie wir wollen, wir können ihn sogar in die Achtung gebietende Uniform eines Generals stecken und er wird auch darin nur komisch wirken. Wir empfinden sofort, dass da etwas nicht stimmt.

Umgekehrt können wir einen selbstsicheren und souveränen Menschen in die schäbigsten Kleider stecken und er wird auch dann noch Selbstsicheit und Souveränität ausstrahlen. Napoleon zum Beispiel hatte nur eine Körpergröße von 151 cm und war doch für eine ganze Zeit der Größte in Europa.

Ich beobachte diese Zusammenhänge sehr oft in der Saunalandschaft der Therme Bad Aibling. Wenn jemand die Sauna betritt, ist er nackt oder legt spätestens dann sein um sich geschlungenes Handtuch ab. Somit ist er ganz eindeutig auf sich selbst reduziert und ohne jedes äußere Statussymbol. Trotzdem könnte ich Ihnen relativ zuverlässig sagen, wess Geistes Kind jeder Einzelne ist, wenn ich das mal so ausdrücken darf. Körperhaltung, Körperzustand, Gesichtsausdruck und das gesamte Verhalten sagen gerade in dieser Situation noch mehr aus, als wenn er mir bekleidet begegnen würde. Das, was drin steckt, ist dann noch offensichtlicher, als wenn es durch Kleidung verhangen wäre.

Natürlich gibt es auch Typen, die mindestens alle zwei bis drei Minuten mit großer Geste auf ihre wasserdichte Rolex schauen müssen. Aber auch das sagt ja etwas aus. Was würde da eigentlich ohne die Rolex übrigbleiben? Warum braucht jemand in der Sauna eine Rolex, die er damit auch noch systematisch zu Grunde richtet? So kann etwas, was nach außen Reichtum symbolisieren soll, in Wahrheit nichts anderes als innere Armut offenbaren.

Nun haben viele Menschen schon die Erfahrung gemacht, dass sie sich ganz anders fühlen, wenn sie eine neue oder frisch gereinigte Kleidung tragen. Das würde dann doch bedeuten, dass das Außen der neuen oder gereinigten Kleidung sich auch auf ihr Inneres auswirkt. Also doch das genaue Gegenteil dessen, was ich bisher gesagt habe?

Hier möchte ich dann der Einfachheit halber die berühmte Frage an Radio Eriwan zitieren:

„Ist es möglich, mit einem Wartburg (ehem. DDR-Auto) bei 120 km/h in eine scharfe Kurve zu gehen?"

Die Antwort von Radio Eriwan: „Im Prinzip ja, aber nur einmal."

Was hat das nun mit dem angenehmen Gefühl zu tun, das von einer neuen oder gereinigten Kleidung ausgeht? Sie wissen, dass jeder Mensch eine energetische Ausstrahlung hat, die sogenannte Aura eines Menschen. Diese Aura durchdringt mit der Zeit seine Kleidung und auch sein gesamtes persönliches Umfeld. Selbst Räume und die darin befindlichen Möbelstücke, ja, sogar ganze Häuser spiegeln mit der Zeit die Aura des Menschen wider, der darin lebt oder gelebt hat.

Ein neues oder gereinigtes Kleidungsstück atmet diese Aura noch nicht, wirkt also für eine kurze Zeit wie ein neutraler Fleck oder wie ein offenes Fenster in einer solchen Aura, bis es über kurz oder lang wieder von der Aura vereinnahmt wird. Ein recht kurzfristiges Vergnügen also. Das Innen durchdringt wieder das Außen und nicht umgekehrt. Also gibt einem eine neue oder gereinigte Kleidung ein besseres oder leichteres Gefühl? Im Prinzip ja, aber nur einmal!

Eine Lösung wäre es natürlich, ständig neue Kleidung zu tragen, neue Möbel zu kaufen und woanders zu wohnen. Ich weiß leider nicht, ob Sie diese Flucht vor Ihrer eigenen Aura irgendwann erfolgreich abschließen könnten. Der Versuch an sich ist allerdings nicht strafbar.

Was gehört noch zu dem Bild, das wir von uns selbst haben? Vielleicht haben wir das Gefühl, dass wir uns nicht gescheit ausdrücken können, dass man uns wegen unserer Umgangssprache sofort in eine bestimmte Schublade einordnet und entsprechend behandelt. Ja, aber selbst wenn es so ist, was hindert uns dann daran, an diesem Problem zu arbeiten, statt es einfach nur hinzunehmen.

Meine Eltern zum Beispiel sprachen nur rheinisches Plattdeutsch, platter ging es gar nicht mehr. Der Wortschatz, den ich dabei als Kind erlernte, war mehr als beschränkt. Wenn meine Mutter einmal versuchte, sich in dem, was sie unter Hochdeutsch verstand, auszudrücken, war das kabaretwürdig. Auch mir hat man noch lange meinen rheinischen Tonfall angehört, aber ich habe bewusst daran gearbeitet und heute halte ich Vorträge und schreibe Bücher. Es gibt nichts, was wir nicht überwinden könnten, und wie Sie sehen, sage ich dies aus eigener Erfahrung. Aber dazu müssen wir unseren Hintern bewegen und unseren Käfig verlassen, statt ihn als Alibi zu benutzen. *Ich hatte ja nie eine Chance ... ich hatte wirklich eine schwere Jugend ... ich hatte nie Geld ... usw.* Ich kann solche Rechtfertigungsversuche nicht mehr hören.

> Ja, wenn ich nie eine Chance hatte,
> wenn ich eine schwere Jugend hatte,
> wenn ich nie Geld hatte usw.,
> dann wird es doch verdammt Zeit,
> dass ich JETZT dafür sorge,
> dass ich eine Chance habe,
> dass es mir JETZT gutgeht
> und dass ich JETZT Geld habe.

Aber es gibt niemanden, der dafür sorgen könnte, – außer mich selbst – und dazu muss ich den Käfig meines Denkens und meines

Selbstbildes verlassen, was – wie bereits gesagt – nicht so ganz einfach ist.

Aber ich möchte Ihnen ja mit diesem Buch ein wenig dabei helfen, wobei ich mir durchaus bewusst bin, dass die Möglichkeiten eines Buches natürlich sehr begrenzt sind. Wenn ich persönlich mit Ihnen reden könnte, wäre es natürlich etwas einfacher.

Also, fangen Sie zunächst einmal mit der von mir vorgeschlagenen Selbstanalyse an und entwickeln Sie dann daraus den Bauplan Ihrer Firma ICH.

Eine GmbH, also eine Firma mit beschränkter Haftung, wird Ihnen dabei leider nicht erlaubt sein. Sie stehen immer, überall und voll in der Haftung. Sie allein sind für ihr Leben verantwortlich.

5

Die tragenden Säulen unseres Ego-Käfigs

Der Kulturkreis

Die Grenzen eines Kulturkreises sind nur sehr schwer zu bestimmen, denn seine Übergänge sind fließend.

Wie könnte man also einen Kulturkreis definieren?

Was soll ein solcher Kulturkreis überhaupt sein und woran stellt man ihn fest?

Wann gehört man einem bestimmten Kulturkreis an und wann steht man außerhalb eines solchen Kreises?

Wenn wir zunächst einmal eine sehr grobe Differenzierung vornehmen, so würden wir uns im deutschsprachigen Raum wohl dem „abendländischen Kulturkreis" zugehörig fühlen. Aber was ist ein abendländischer Kulturkreis? Wo fängt dieser an und wo hört er auf?

Ist es das antike Weltreich der Römer, ist es das Reich Karls d. Gr., das christliche Abendland oder heute mehr die Europäische Union zu der Zypern ebenso gehört wie Finnland? Aber was haben zum Beispiel diese beiden Länder kulturell gemeinsam? Mir fällt in diesem Fall so gut wie nichts ein, aber vielleicht haben Sie ja eine Idee.

Sprache, Musik, Kleidung, Ernährung, Lebensart und Lebensrhythmus sind bei diesen beiden Ländern derart unterschiedlich, dass man außer dem Euro wohl kaum eine gemeinsame Klammer finden kann und schon dieser Euro alleine macht eine Menge Probleme.

Die Art des Umgangs mit Geld, die Einstellung zum Staat, das Prinzip von Recht und Ordnung sind in diesen beiden Ländern recht unterschiedlich geprägt, wobei mit dieser Feststellung keine Wertung verbunden sein soll, denn diese Wertung würden wir ja auch wieder nur aus der Sicht unseres eigenen Gedankenkäfigs vornehmen. Aber Vorsicht, wenn dies so ist, gibt es dann überhaupt so etwas wie eine objektive Wertung? Nein!

Objektive Wertungen erscheinen immer nur aus unserer Sicht heraus objektiv.

Aus einer anderen Sicht heraus mag man möglicherweise zu einem genau gegenteiligen Ergebnis kommen. *Daran sollten wir unbedingt denken, wenn wir uns wieder einmal im Besitz einer „objektiven Wahrheit" wähnen.* Die Welt würde dadurch insgesamt etwas friedlicher.

Nun habe ich mit Finnland und Zypern zwei extremen Pole einer Gemeinschaft – in diesem Fall einer politisch-wirtschaftlichen Gemeinschaft – herangezogen, aber wir können den Kreis natürlich auch sehr viel enger ziehen.

Nehmen wir zum Beispiel den Kreis der deutschsprachigen Länder: Deutschland, Österreich und die deutschsprachige Schweiz. Ist dies dann so etwas wie ein Kulturkreis? Sprache, Musik, Kleidung, Ernährung sind hier sicher sehr nahe beieinander. Die Löcher im Schweizer Käse unterscheiden sich kaum von den Löchern im Allgäuer Käse, aber bei Lebensart und Lebensrhythmus gibt es doch auch hier erhebliche Unterschiede.

Was haben ein Berliner, ein Wiener und ein Berner Bürger gemeinsam, wenn sie an einem Tisch sitzen? – Leider nur wenig!

Hunger und Durst vielleicht, die Sorge um die Rente, die Sorge um das immer teurer werdende tägliche Leben, die immer schwieriger werdende Erziehung der Kinder usw. Aber genügen solch gemeinsame Sorgen, um dadurch so etwas wie eine Gemeinschaft zu empfinden oder sich gar als zugehörig zu fühlen? Eine Sorgengemeinschaft sozusagen – ein bißchen wenig, finden Sie nicht auch?

Der Wiener Charmeur wird den Berliner Piefke wohlwollend belächeln, der Berliner fassungslos vor dem Wiener Schlendrian stehen, und dem braven Berner Bürger geht das ohnehin alles viel zu schnell, er gibt sich relativ wortkarg und wünscht sich nichts sehnlicher als das baldige Ende der Tischrunde.

Aber nun habe ich ja von den vier tragenden Säulen unseres Gedankenkäfigs gesprochen, dabei den Kulturkreis an erster Stelle genannt und nun stelle ich die Existenz eines solchen Kreises mehr oder weniger wieder in Frage. Was soll das also? Um das zu erklären, möchte ich Ihnen ein Phänomen bewusstmachen, das Sie selbst immer und überall beobachten können. Machen Sie sich einmal diesen Spaß.

Nehmen wir dazu wieder unseren Berliner, den Wiener und den Berner, die – an einem Tisch sitzend und auf sich gestellt – sich nur wenig zu sagen haben. Dies ändert sich allerdings schlagartig, wenn sich drei Tunesier an den gleichen Tisch setzen und ins Gespräch kommen wollen.

Hier fühlen sich dann unsere wackeren Drei, die sich vorher wenig zu sagen hatten, plötzlich als eine durch gemeinsame Werte verbundene Gemeinschaft, die sie gegen die andersdenkenden und -fühlenden Tunesier schützen und verteidigen werden. Hier entsteht dann plötzlich so etwas wie ein „Wir-Gefühl". Wir sitzen hier auf dieser Seite des Tisches, und dort sitzen die anderen.

> So etwas wie ein „Wir-Gefühl"
> entwickelt sich immer dann,
> wenn es ein Gegenüber gibt,
> das nicht zu diesem „Wir" gezählt wird.

Hier zeigt sich dann wieder sehr deutlich das System der Polarität in dieser Schöpfung, in der es zum Beispiel keinen Begriff gibt, der ohne den entsprechenden Gegenbegriff existiert. Hell-dunkel, laut-leise, hoch-tief, schnell-langsam, heiß-kalt, Liebe-Hass, Freundschaft-Feindschaft usw.

Zwischen diesen beiden Polen, die allerdings immer nur die extremen Enden ein und derselben Sache bedeuten, gibt es dann unzählige Zwischenstadien. Nehmen wir zum Beispiel nass-trocken, so gibt es unendlich viele Zwischenstadien, die wir als feucht bezeichnen würden, bis hin zur unsichtbaren Luftfeuchtigkeit. Würden wir diese Luftfeuchtigkeit sehen können, würden wir sie wiederum als Dampf, Nebel oder Dunst bezeichnen.

Dies kann man auch auf jeden anderen Begriff übertragen. Zur relativ simplen Unterscheidung zwischen schnell und langsam gibt es zum Beispiel unendlich viele Schattierungen von blitzschnell, rasend, schleichend oder schleppend. Etwas schleppt sich dahin oder geht blitzschnell vorbei.

So ist es im Prinzip auch mit dem „Wir-Gefühl": *Ein bisschen dazu „ja", aber ganz dazu doch wieder nein. Im Prinzip vielleicht schon, aber dennoch, wenn man bedenkt dass, und man kann doch auch nicht außer Acht lassen … usw.*

> Unser Gedankenapparat hat eine
> unangenehme Eigenschaft,
> er will selektieren und selektieren,
> bis es nichts mehr zu selektieren gibt.

Gibt es dazu nichts im Großen, dann sucht er es eben im Kleinen. Auch hier gilt wieder das Hermetische Prinzip „wie oben – so unten, wie innen – so außen, wie im Größten – so im Kleinsten". Wir können dieses Phänomen tatsächlich auf allen Ebenen beobachten, zwischen Kontinenten, zwischen Staaten, zwischen Regionen, zwischen Städten und Gemeinden, zwischen Vereinen, zwischen Familien und einzelnen Familienmitgliedern.

Zwischen einzelnen Familienmitgliedern mag Streit sein, geht es aber gegen einen andere Familie, wird so etwas wie ein gemeinsamer Feind ausgemacht, sind sich die sonst untereinander streitenden Familienmitglieder meist wieder einig.

Ich habe so etwas einmal zu meiner Studienzeit in Köln erlebt. Ich sah, wie auf der anderen Straßenseite ein Mann eine Frau mit Ohrfeigen und Tritten attakierte und anschrie. In jugendlichem Leichtsinn spurtete ich auf die andere Straßenseite hinüber, um der Frau zu helfen. Für mich damals selbstverständlich, für die Frau, der ich helfen wollte, allerdings weniger.

Als ich versuchte, den Mann festzuhalten und abzudrängen, und dabei auch ein paar Schläge meinerseits austeilte und im Gegenzug auch einsteckte, schlug die Frau nun ihrerseits mit ihrer Handtasche auf mich ein und schrie mich in feinstem Kölsch an: „Datt es minne Mann, dä kann mich schlage, wann he will". So schnell können sich die zwischenmenschlichen Beziehungen umkehren, wenn plötzlich ein gemeinsamer Feind ausgemacht wird.

Die religiöse Prägung

Diese ist natürlich sehr eng mit dem sogenannten Kulturkreis verbunden, dessen genaue Definition uns ja schon erhebliche Schwierigkeiten bereitet hat. Mit einer exakten Definition der religiösen Prägung wird es uns nicht viel anders ergehen. Ziehen wir auch hier zunächst die große Klammer.

Sicher liegen wir nicht falsch, wenn wir den abendländischen Kulturkreis als christlich geprägten Kulturkreis bezeichnen. Aber was ist eine „christliche Prägung", was ist der verbindliche Maßstab zu einer solchen Zuordnung?

Sicher könnte man sagen, dass alle Religionen als christlich zu gelten haben, die sich auf den ans Kreuz geschlagenen Jesus Christus als den Erlöser der Menschheit beziehen. Aber davon gibt es eine Menge unterschiedlicher Gruppierungen, und wie üblich ist jede dieser Richtungen im Besitz der allein gültigen Wahrheit, einer „objektiven Wahrheit" selbstverständlich.

Römisch-katholische Christen, evangelische Christen verschiedenster Ausrichtungen, orthodoxe Christen (ebenfalls viele unterschiedliche Strömungen), die anglikanische Kirche, eine Vielzahl amerikanischer Kirchen, freie christliche Gemeinden usw. Wenn wir eine komplette Auflistung aller christlichen Strömungen erstellen wollten, würden wir hierzu sicher noch eine Menge Platz benötigen.

Fühlen sich nun alle diese christlich geprägten Strömungen als eine Gemeinschaft? Lieben sie sich untereinander, wie doch ihre gemeinsame Bezugsperson „Jesus Christus" gelehrt hat: „Liebe deinen Nächsten wie dich selbst"? Wohl kaum! Wie kann dann die religiöse Prägung eine der tragenden Säulen unseres eigenen Gedankenkäfigs sein, wie ich es hier anführe?

Um diese Säule festzustellen, müssen wir die einzelnen Strömungen auf die gemeinsamen Grundwerte reduzieren und die Selektierwut unseres Verstandes einmal ausschalten. Ein allen christlichen Strömungen gemeinsamer Grundwert wäre zum Beispiel die Einehe und die daraus resultierende Verurteilung des Ehebruchs.

Aber wie und wo wird heute millionenfach praktizierter Ehebruch noch verurteilt. Wird deshalb im christlichen Kulturkreis noch jemand gesteinigt? Wohl eher in anderen Kulturkreisen, wobei es mir sehr schwerfällt, den Begriff Kultur mit Steinigung zusammenzubringen, aber das ist nun wieder meine Prägung.

Ehebruch reicht im christlichen Kulturkreis heute nicht einmal mehr als Scheidungsgrund. Ehebruch gilt nicht als Grund, sondern lediglich als ein mögliches Indiz dafür, dass die Ehe wohl zerrüttet sein muss und deshalb eine Fortsetzung nicht mehr zumutbar ist. Aber dann muss schon noch etwas dazukommen.

Und doch ist unser grundsätzliches Denken durch die religiöse Prägung unseres Umfeldes beeinflusst. Wir haben im Normalfall zumindest ein schlechtes Gewissen, wir wissen um unser Fehlverhalten und fürchten, dafür irgendwie bestraft zu werden. Die Möglichkeit der Strafe durch eine höhere Macht ist über Jahrhunderte hinweg in uns hineingepflanzt worden, und so bitten wir im christlichen Umfeld um Gnade und um Vergebung unserer Sünden, damit uns die Strafe erspart bleibt.

Die befürchtete Strafe Gottes ist eine der stärksten Prägungen eines christlich geprägten Umfelds.

Ich sage keineswegs, dass dies falsch oder richtig wäre, es zeigt lediglich eine typische Prägung. Im Buddhismus zum Beispiel, der keinen Gott kennt (der Buddha Gautama wird lediglich als ein Mensch verehrt, der es aus eigener Kraft geschafft hat, den Kreislauf der Wiedergeburt zu beenden und vollkommene Erleuchtung zu erlangen), würde man aus dem gleichen Grund – dem Ehebruch – das Gesetz von Ursache und Wirkung fürchten. Man hat selbst eine Ursache gesetzt, deren Wirkung unausweichlich wieder auf einen zurückfällt.

Das Gesetz von Ursache und Wirkung ist eine der stärksten Prägungen eines buddhistischen Umfelds.

Im Prinzip die gleiche Einsicht in ein unrichtiges Verhalten, das Konsequenzen nach sich zieht. Mal ist es Gott, der direkt eingreift und straft, mal ist es ein geistiges Gesetz, das greift. In der christlichen Grundprägung ist es Gott, von dessen Gnade wir abhängig sind, in der buddhistischen Prägung sind es ausschließlich die eigenen Ursachensetzungen, durch die wir unser Leben bestimmen.

Nun habe ich dies hier anhand zweier verschiedener Weltreligionen einmal recht vereinfacht dargestellt, aber es geht uns ja auch lediglich um Grundprägungen. Wenn wir nun noch andere Religionskreise hinzuziehen, wie zum Beispiel den Hinduismus, wenn wir die zahlreichen muslimischen Strömungen betrachten, wenn wir noch den Sikkismus, Universismus usw. hinzuziehen, dann haben wir auch hier Religionen, die das Grunddenken und damit das Verhalten der Menschen ganz eindeutig mitbestimmen – *bewusst oder unbewusst.*

Es gibt insgesamt neun Weltreligonen, deren Mitglieder 95% aller Anhänger einer Religion und gleichzeitig auch 76% der Weltbevölkerung ausmachen. Davon entfällt mit ca. 40% der größte Anteil auf das Christentum, gefolgt von den Muslimen mit ca. 23% und dem Hinduismus mit ca. 17%.

Wie stark eine religiöse Überzeugung das Denken und Handeln der Menschen bestimmen kann, sehen wir, wenn sich Menschen als sogenannte Selbstmordattentäter zum Wohlgefallen Allahs in die Luft sprengen und dabei so viel Un- oder Andersgläubige wie möglich mit in den Tod reißen. Extreme, mögen Sie sagen, aber wenn wir in die Geschichte des Christentums schauen, gab es auch dort Perioden heute unbegreiflicher Verblendungen mit nicht minder grausamen Handlungen.

Die Prägung durch den Staat

Hier müssen wir gar nicht so weit gehen und auch nicht lange suchen, um ein entsprechendes Beispiel zu finden. Sehen wir uns dazu einmal die Prägungen des Nazi-Deutschlands und auch die Prägungen der ehemaligen DDR an. Es sind erschreckende Beispiele dafür, wie das Denken ganzer Völker manipuliert werden kann. Natürlich ist es nicht immer zu 100% das ganze Volk, aber wenn wir eine Zahl um 60% bis 80% herum annehmen, liegen wir damit sicher nicht so ganz daneben.

Die Prägung durch den Staat beginnt bereits im Kindergarten und setzt sich über Schule, Studium und Beruf fort. Wenn wir uns einmal eine Kindergartenordnung aus München und im Vergleich dazu ein Gegenstück aus Neapel ansehen – wenn es denn dort so etwas gibt – so werden wir recht elementare und damit prägende Unterschiede feststellen.

Aber nun wollen wir nicht so weit gehen, uns mit Kindergartenordnungen zu beschäftigen. Ich möchte Ihnen lediglich die wirksamen Grundmechanismen bewusstmachen. Diese Grundmechanismen gelten, wie gesagt, im Größten wie im Kleinsten. Sie gelten in Familien, in Firmen (es gibt tatsächlich Firmen, in denen man von einer Firmenkultur spricht), in Vereinen, in Parteien und in Regierungen ebenso in der weltumfassenden UNO, ohne dass man diese noch ausdrücklich als Kindergarten bezeichnen müsste.

Unsere frühen Grundprägungen bleiben ein Leben lang wirksam, was uns dann in der Regel nicht einmal bewusst ist. Bestimmte Dinge sind für uns einfach so. Wir stellen sie keine Sekunde in Frage, wir denken keine Sekunde darüber nach. Wir handeln wie programmierte Roboter. Wir können gar nicht anders. Wir sind wie Pawlow'sche Hunde, die auf ein bestimmtes Klingelzeichen hin, das sie gelernt haben, mit Futteraufnahme zu verbinden, Speichel absondern.

Was wir dann als Menschen absondern, ist in der Regel etwas mehr als Speichel, es kann sich bis zu einem Hass auf den Andersdenkenden entwickeln. So konnte man auch dem Großteil eines Volkes suggerieren, dass jüdische Mitbürger nichts als Blutsauger am Leib der gesunden deutschen Volksrasse sind und ausgemerzt werden mussten. Ich weiß, wenn wir heute die ältere Generation befragen, finden wir so gut wie niemanden mehr, der das damals gut fand, geschweige denn dabei war. Ein Phänomen!

Eine ganze Volksgruppe, die deutschen Juden, versuchte man auszurotten, Geschäfte und Synagogen wurden angezündet, Menschen abtransportiert, und wenn man heute mit älteren Menschen darüber spricht, wusste niemand etwas davon oder war gar selbst dabei. Wenn wir diesen kollektiven Erinnerungsverlust für bare Münze nehmen, kann das alles gar nicht stattgefunden haben. So weit zur Aussagekraft von Befragungen.

Die Familie

Ein Aufwachsen in einer klassischen Familie mit zwei miteinander verheirateten Elternteilen und der traditionellen Rollenverteilung zwischen diesen beiden Elternteilen und mit mehreren heranwachsenden Kindern wird heute immer seltener. Es scheint sich dabei um so etwas wie ein Auslaufmodell zu handeln.

Da, wo es noch so aussieht, als wäre es eine intakte Familie, sieht es oft nur noch nach außen so aus. Eheleute haben sich zum Wohle der Kinder arrangiert, wie man das so schön umschreibt. Sie haben sich zwar nichts mehr zu sagen, haben sich längst auseinandergelebt, gehen nicht selten eigene Wege, wollen aber ihren Kindern zuliebe die Familie erhalten, um ihnen nicht zu schaden. Wenn die Kinder dann einmal aus dem Haus sind, dann können sie ja immer noch …

Solches Wollen geschieht sicher in bester Absicht, aber das, was damit erreicht wird, ist meist leider das genaue Gegenteil dessen, was erreicht werden sollte. Im Prinzip ist es nichts anderes als Betrug an den eigenen Kindern, und Kinder haben ein sehr feines Gefühl für echt und unecht.

Man kann der Gesellschaft, den Nachbarn, seinen Freunden und Bekannten etwas vorspielen, seinen eigenen Kindern aber kann man dies auf Dauer nicht.

Man bleibt noch zusammen, damit die Kinder eine Familie haben, aber was haben sie in Wahrheit, was erleben und lernen sie in Wahrheit? Was lernen sie daraus für das eigene spätere Lebensmodell, für eigene spätere Partnerschaften? Immer nur lächeln – immer nur so tun, als ob, und niemanden hineinschauen lassen, um die Außenfassade zu wahren?

Offen und ehrlich mit Kindern zu reden, ihnen klarzumachen dass die Probleme zwischen Vater und Mutter nichts mit ihnen zu tun haben, dass sie von ihren beiden Eltern unverändert weiter geliebt werden und beide immer für sie da sind, wäre nach meinen therapeutischen Erfahrungen der für alle Beteiligten bessere Weg. Kinder ernst zu nehmen, sie als Partner zu sehen, sie nicht für dumm zu halten und über ihre Köpfe hinweg ein unwürdiges Theater zu spielen, ist allemal der bessere Weg.

Auf diesem Weg lernen sie zumindest etwas über Ehrlichkeit und Wahrhaftigkeit. Auf diesem Weg lernen sie, dass es Konflikte zwischen Menschen geben kann, sie lernen, dass das Leben kein romantisches Wunschkonzert ist und dass man im offenen und ehrlichen Umgang miteinander auch immer eine Lösung finden kann. Immer noch schmerzhaft genug für Kinder, aber im Endeffekt können sie an solchen Erfahrungen nur wachsen, statt daran zu zerbrechen.

Enorm prägend ist natürlich auch das soziale Umfeld eines Elternhauses und nicht allein das interne Geschehen. Kinder wollen dazugehören, wollen in ihrem Umfeld akzeptiert und anerkannt sein, wollen keine Außenseiter sein.

Außenseiter zu sein bedingt eine innere Stärke und ein Ichbewusstsein, das Kinder und Heranwachsende in der Regel noch nicht haben.

Sie sind noch in einem Selbstfindungsprozess, und wann dieser abgeschlossen ist, lässt sich nur schwer vorhersagen. Manche Menschen benötigen dazu ein ganzes Leben, ohne jemals zu einem Abschluss zu finden.

Kinder sprechen die Sprache des Umfelds, Kinder übernehmen die Denk- und Verhaltensmodelle des Umfelds und wollen zu denen gehören, die den Ton angeben oder in der Hierarchie zumindest nicht zu weit hinten stehen. Kinder wollen „IN" sein!

Kinder und Heranwachsende tragen, was „man" trägt, Kinder tun das, was „man" tut, und sie denken, wie „man" denkt. Das Andersdenken der Eltern ist ihnen dann nur noch „total peinlich", wenn wir uns einmal der modernen Ausdrucksweise bedienen wollen.

Das, was wir einmal unter dem Begriff Familie verstanden haben, befindet sich in einem gewaltigen Umbruch, und dieser Umbruch steht erst am Anfang.

Auch gleichgeschlechtliche Paare haben heute zum Beispiel das Recht, Kinder großzuziehen, und auch die Zahl alleinerziehender Väter und Mütter wächst ständig weiter. Den traditionsbeladenen Begriff der Familie ersetzen wir deshalb besser durch einen etwas neutraleren Begriff wie Kindheitsumfeld, Ursprungsumfeld oder dergleichen.

Die zentrale Frage ist, ob wir es einmal schaffen, unser Ursprungsumfeld zu verlassen und „unseren Weg" zu finden, oder ob wir weiterhin brav in unserem Käfig sitzen bleiben? Keine leichte Aufgabe, aber ich möchte Ihnen dabei ja etwas helfen, soweit dies in einem Buch möglich ist.

Ein Buch kann Ihr Leben nicht ändern,
es kann nur den Anstoß dazu geben.
Ändern können Sie Ihr Leben nur selbst.

Fassen wir noch einmal zusammen. Als erste Käfigstange haben wir den sogenannten *Kulturkreis* genannt. Damit eng verbunden auch die *religiöse Prägung*. Des Weiteren haben wir die *politische* und dann die *familiäre Prägung* als unsere weiteren Käfigstangen aufgeführt.

Nun könnte mancher sagen, dass er zum Beispiel mit Religion absolut gar nichts am Hut hat und damit wohl eine solche Prägung bei ihm ausfällt. Irrtum!

Auch etwas „ganz und gar nichts am Hut zu haben", ist selbstverständlich eine Prägung.

So ganz können wir unseren Grundprägungen niemals entfliehen, auch wenn wir das lauthals verkünden.

Das Gleiche gilt auch für die anderen Bereiche. Auch politisch völlig uninteressiert zu sein, ist eine Prägung, und diese ist keineswegs zufällig entstanden. Etwas nicht zu wollen bedingt ja, dass ich es kenne, dass ich Kontakt damit hatte und dann entschieden habe, es nicht zu wollen.

Wir konnten ja bei unserer Geburt nicht ankreuzen, für was wir uns interessieren wollten und für was nicht. Diese Präferenzen sind erst später entstanden.

Unsere Denk- und Verhaltensstrukturen wurden seit den Anfängen unserer Existenz von außen konditioniert.

Wir empfinden zwar, dass wir es sind, die da so denken und fühlen, aber davon ist das wenigste aus uns selbst heraus entstanden. Selbst auf die Gefahr hin, dass ich Sie langweile, möchte ich dazu ein Beispiel anführen, das ich schon in anderen Büchern von mir gebraucht habe:

Stellen Sie sich vor, Sie wären nach Ihrer Geburt in einer Klinik vertauscht worden, wären zu einer ganz anderen Mutter oder Familie gegeben worden, hätten eine ganz andere Kindheit erlebt, hätten ganz andere Erfahrungen gemacht, wären in einem ganz anderen Umfeld aufgewachsen.

Ich garantiere Ihnen, von all dem, was Sie heute als Ihr „Ich" sehen, von all dem, was Sie heute als „Ihr Denken und Fühlen" empfinden, von all dem, was Sie heute als „Ihre Persönlichkeit" definieren, wäre nicht viel – oder sogar rein gar nichts – vorhanden.

Rein körperlich sind und bleiben wir zwar immer das Wesen, das von unserem Vater gezeugt – und sei es im Reagenzglas – und von unserer Mutter geboren wurde, aber was dann später einmal daraus wird, resultiert vorwiegend aus den vier Säulen des Käfigs, in den wir hineingeboren wurden.

Wenn wir diesen Käfig verlassen wollen, müssen wir bereit sein, auch das, was wir für uns selbst halten, einmal kritisch zu betrachten und in Frage zu stellen. Nicht ganz einfach!

6

Erste Käfigstangen vorsichtig lockern

Leider wird es keine heftige Explosion geben können, durch die Ihr Käfig plötzlich auseinanderfliegt und Sie dann völlig befreit und unversehrt dastehen lässt.

Eine solche Explosion würde auch Sie zerreißen, so etwas wäre zu heftig, das kann kein normaler Mensch durchstehen. Sie würden völlig orientierungslos sein und sprichwörtlich den Boden unter den Füßen verlieren.

Eine solche Explosion käme in etwa einer Erleuchtung gleich, in der sich die gesamte Vorstellung eines isolierten Ichs in Luft auflöst und Sie mit allem eins sind.

Solange uns diese Gnade nicht zuteil wird, solange wir dafür noch nicht reif sind, können wir uns nur systematisch und in kleinen Schritten in diese Richtung bewegen.

Wer einen weiten Weg vor sich hat, der rennt nicht.

Es genügt schon, wenn es uns im ein oder anderen Fall wie Schuppen von den Augen fällt, wenn wir die ein oder andere unserer Verstrickungen erkennen, sie auflösen und behutsam einen neuen Weg einschlagen.

Alte und ausgetretene Pfade können wir im Dunkeln rückwärts gehen oder sogar auf einem Bein abhüpfen. Neue Wege verlangen dagegen unsere volle Aufmerksamkeit.

Erst wenn wir auf den ersten Teilstücken eines neuen Weges etwas sicherer geworden sind, erst wenn wir erste Erfahrungen gemacht haben, erst wenn wir uns dann dort einigermaßen zurechtfinden, können wir vorsichtig weitergehen und unter Umständen sogar eine zweite Baustelle eröffnen.

Das Beseitigen von Käfigstangen ist in jedem Fall so etwas wie die Eröffnung einer Großbaustelle. Etwas Altes wird angesägt und abgerissen und etwas Neues wird aufgebaut. Die kritischste Phase ist dabei das, was ich als den Nullpunkt bezeichne. Das Alte verschwindet und das Neue ist noch nicht da.

Wenn Sie ein altes Haus besitzen, an dem Sie immer noch irgendwie hängen, in dem Sie jede knarrende Diele kennen, in dem Sie um jedes undichte Fenster wissen, alle tropfenden Wasserhähne kennen, die defekte und unwirtschaftliche Heizung hätten längst austauschen müssen und ein Abriss inzwischen günstiger ist als jedes weitere Reparieren, dann entsteht der schmerzhafteste Moment dann, wenn das alte Haus abgerissen wird und das neue Haus noch nicht da steht.

Sie stehen vor einem leeren Platz. Ihr altes Haus, mit dem Sie sich irgendwie arrangiert hatten, in dem Sie sich bestens auskannten und für dessen Erhalt Sie so lange gekämpft hatten, existiert nicht mehr und das neue muss vom Fundament bis zum Dach erst noch aufgebaut werden. Sie wissen zwar, wie es werden soll, aber es ist halt noch nicht da.

Nüchtern betrachtet ist dies einer der positivsten Momente.
In diesem Moment sind Sie tatsächlich frei!

Nun, jeder Vergleich hinkt natürlich irgendwie. Wir wollten doch den engen Käfig unseres Denkens verlassen. Wir wollten doch „frei werden" und nicht etwa einen neuen Käfig aufbauen. Wir brauchen keinen neuen Käfig. Was soll also der Vergleich mit dem Neuaufbau?

So ganz ohne Käfig, so ganz ohne tragendes Gerüst können wir nicht leben, dies ist eine Illusion. Durch unsere Grundprägungen, die wir im vorherigen Kapitel behandelt haben, sitzen wir bereits in den Grundrissen eines Käfigs. Dies gilt für jeden Menschen.

Allein entscheidend ist, wie durchlässig unser Käfig ist, wie flexibel und biegsam seine Stäbe sind, wie offen seine Türen sind. Wie leicht wir ihn bei Bedarf verlassen können und wie weit er auch für Neues und Unbekanntes offen steht.

Herrscht in unserem Käfig Durchzug und frische Luft, oder steht dort nur abgestandener Mief?

Wir wollten doch auch in die „Fülle des Lebens" eintauchen, so sagt es jedenfalls der Untertitel dieses Buches.

Schöpfung ist dauernde Bewegung.

Schöpfung ist ein Kommen und Gehen.

Schöpfung ist ein Entstehen und Vergehen

Schöpfung ist ein Nehmen und Geben.

Schöpfung ist Loslassen und den Weg freigeben.

Solange wir am Alten festhalten,
kann das Neue nicht entstehen.
Solange unsere Hände gebunden sind,
können wir das Neue nicht ergreifen.

Solange wir krampfhaft einen Apfel als unsere letzte Reserve um-
klammern, können wir den vorbeirollenden Kürbis, der uns vier-
mal so lange ernähren würde, nicht ergreifen.

An der Fülle der Schöpfung teilnehmen zu wollen, bedeutet, offen
und durchlässig zu sein, bedeutet, erreichbar zu sein, bedeutet,
die Hände frei zu haben.

Aber was machen die meisten Menschen? – Sie klammern und halten am Gewohnten fest, sie kämpfen und verteidigen hartnäckig
jeden Millimeter und beklagen dann, dass sie an der Fülle nicht
teilhaben.

Seien Sie ganz sicher, wenn uns etwas verlässt, wenn uns etwas
verloren geht, entsteht ein Platz, der sofort von etwas Neuem be-
setzt wird.

Das gilt auch, wenn wir selbst uns von dieser Erde verabschieden.

Der Platz, den wir verlassen haben, bleibt nicht unbesetzt. Die
Schöpfung geht unbeirrt weiter!

Das hat natürlich wieder etwas mit Urvertrauen zu tun:

Es wird immer da sein, was ich brauche, und was nicht da ist, brauche ich
auch nicht, oder es wäre da. Ich werde geführt, ich werde geschützt, ich
werde getragen.

Ich habe diese Zusammenhänge ausführlich in meinem Buch „Im Urvertrauen leben" behandelt und kann das hier nicht alles wiederholen.

Natürlich birgt ein Öffnen gewisse Risiken in sich. Durch unsere Offenheit kann uns auch manches erreichen, was wir so eigentlich nicht wollten. Aber wir können das Ungewollte doch einfach weiterziehen lassen, wir müssen es doch nicht festhalten, wir müssen es doch nicht ergreifen. Natürlich vorausgesetzt, dass unser Durchzug funktioniert und wir die Türen nicht geschlossen halten.

Wir müssen fließen lassen. Stehendes Wasser wird faul!

Wir müssen uns im wahrsten Sinne des Wortes in den „Fluss der Schöpfung" begeben und nicht auf unserem Standpunkt stehen bleiben. Wenn wir stehen bleiben, werden wir nicht nur rechts und links überrollt, sondern sogar irgendwann hinweggespült werden. Auch das gilt wieder im Größten wie im Kleinsten. Wir müssen biegsam werden.

Das Elastische und Biegsame ist ein Zeichen des Lebens. Das Starre und Unbiegsame ist ein Zeichen des Todes. Das Biegsame wird den Sturm überleben, das Starre wird im Sturm brechen.

(sinngemäß nach Laotse)

Das heißt nun nicht, dass wir keinen Standpunkt mehr haben sollen, dass wir sozusagen meinungslos sind und uns nur noch verbiegen. Das wäre das genaue Gegenteil dessen, was ich mit diesem Buch erreichen möchte.

Wir haben unseren Standpunkt.

Wir haben unsere Meinung (durch unsere Grundprägung können wir gar nicht anders).

Wir wissen aber auch, dass wir nicht im Besitz einer allein gültigen Wahrheit sind.

Wir wissen aber auch, das andere Standpunkte und Meinungen durchaus richtig sein können.

Wir sehen nunmehr die Relativität aller Meinungen.

Wir sehen nunmehr auch die Relativität allen Geschehens und das ist immerhin so etwas wie eine kleine Erleuchtung.

Ein wichtiger Anfang, finden Sie nicht? Es wächst so etwas wie Toleranz in uns. Wir bestehen nicht unbedingt auf unserer Sicht der Dinge. Wir kämpfen nicht mehr an den falschen Stellen und in diesem Zusammenhang fällt mir wieder mein geliebtes bayerisches „wer´s mog" ein.

Mag es jemand so sehen oder so mögen, wie er will, er hat ebenso das Recht dazu, wie ich das Recht habe, etwas so zu sehen und so zu mögen, wie ich es will.

Wie viel friedlicher würde die Welt allein durch diese kleine Verhaltensänderung? Aber nun beginnen wir bitte nicht damit, auch andere von der Richtigkeit dieses Denkens überzeugen zu wollen, dann ginge das gleiche Spielchen ja wieder von vorne los.

Ich empfehle Ihnen etwas ganz anderes:

Einfach einmal den Mund halten.

Einfach einmal nicht widersprechen.

Einfach einmal auch andere Meinungen gelten lassen.

Einfach einmal nur zuhören.

Für viele Menschen ist dies wohl eine der schwierigsten Übungen. Sie sind mit der Zeit zu wahren Kampfmaschinen herangewachsen, die sofort anspringen, wenn andere nicht ihrer Meinung sind. Wenn wir unsere Politiker betrachten, wenn wir uns bei Kirchenvertretern umsehen, bei Vereinsführern, Kunstexperten, Verkehrsplanern, Gewerkschaftern oder wo auch immer, finden wir dazu hervorragende Beispiele.

Aber was erreichen sie damit? In der Regel das Gegenteil von dem, was sie erreichen wollten. Ihr Gegenüber, das sie doch eigentlich von ihrer Meinung überzeugen wollten, fühlt sich angegriffen, fühlt sich in die Enge getrieben und verteidigt nun seinerseits hartnäckig seinen Standpunkt. Der Beginn wunderbarer Feindschaften. Ich möchte auch dazu ein recht simples Beispiel aus meiner eigenen Erfahrung beisteuern.

In meinem Wohnort gibt es eine kleine holzgefertigte Fußgängerbrücke, die über einen kleinen Bergfluss führt und zwei Ortsteile miteinander verbindet, ca. 1,30 m breit und etwa 15 m lang, eine kleine Abkürzung für Fußgänger gegenüber zwei anderen normal befahrbaren Straßenbrücken.

Am Beginn dieser Brücke steht auf beiden Seiten deutlich sichtbar das runde blaue Schild, das eine Fußgängerzone anzeigt, mit dem Zusatz „Radfahrer absteigen". Ich benutze diese Brücke fast täglich und fast täglich werde ich von Radfahrern angeklingelt, die sich Platz verschaffen wollen.

Wenn ich dann darauf aufmerksam mache, das dies eine Fußgängerbrücke ist, werde ich in der Regel mit derben Schimpfworten belegt und wurde dabei einmal sogar als „Blockwart" bezeichnet, der sich gefälligst um seinen eigenen Dreck kümmern soll. Es gibt ausgesprochen liebe Zeitgenossen.

Wenn ich nun diesen freundlichen Herrn darauf aufmerksam machen würde, dass dies als Fußgänger sehr wohl mein eigener Dreck ist, würde die Sache nur eskalieren. Also halte ich den Mund. Ein Einsehen oder gar eine Entschuldigung habe ich noch nie geerntet. Dies ist leider typisch.

Je mehr jemand weiß,
dass er im Unrecht ist,
desto heftiger wehrt er sich,
wenn man ihn darauf hinweist.

Es geht dann gar nicht mehr um die Sache, es kommt etwas ganz anderes ins Spiel: *„Was hat der mir denn zu sagen?"* Ein Ego fühlte sich angegriffen!

Würde ich eine Uniform tragen oder hätte ich eine Dienstmütze auf dem Kopf, würde die Sache vermutlich anders aussehen. Der vorher aggressiv Reagierende würde wohl mehr in die Richtung einer Einsichtshaltung tendieren oder sich völlig unwissend stellen, um günstiger davonzukommen. Es ist eben alles relativ.

Wäre es nun im Falle meiner kleinen Brücke empfehlenswert, einfach den Mund zu halten und sich quer ans Geländer zu stellen, damit ein Radfahrer, ohne abzusteigen, vorbeifahren kann? Wie denken Sie darüber? Nehmen Sie sich ruhig einen Augenblick Zeit.

Ehrlich gesagt, ich war mir in meinem eigenen Verhalten lange Zeit nicht ganz sicher! Ich habe natürlich versucht, nach einem Klingelzeichen brav zur Seite zu gehen, aber jedes Mal wuchs ein innerlicher Zorn in mir und ich kam mir doch irgendwie feige vor.

Was hat diese kleinen Holzbrücke in einem oberbayerischen Dorf mit der Einhaltung der Menschenrechte in China zu tun? Sie werden es sehen …

Eine Weile habe ich dann ein ganz anderes Verhalten ausprobiert. Ich habe zum Beispiel freundlich gefragt, „ob man das Schild nicht gelesen hat", und amüsierte mich dann innerlich über die jeweilige Reaktion.

Aus diesen unterschiedlichen Reaktionen lernte ich dann auch wiederum etwas über das unterschiedliche Verhalten der Menschen. So bin ich für die Existenz dieser Fußgängerbrücke eigentlich dankbar und inzwischen kann ich sogar in etwa voraussagen, wie sich jemand verhalten würde, wenn ich ihn anspräche.

> Wenn ich etwas nicht ändern kann,
> bleibt mir nur die Möglichkeit,
> meinen eigenen Umgang
> damit zu ändern.

Ich sehe es als ein unsoziales Verhalten an, einen anderen an die Seite zu drängen, damit ich mir die Mühe des Auf- und Absteigens von meinem Fahrrad erspare. Aber heißt das zwingend, dass auch der andere das so sehen und empfinden muss?

Vielleicht ärgert der sich darüber, dass „der alte Sack" so stur ist und keinen Platz macht, obwohl es doch keine große Mühe für ihn wäre, einfach mal zur Seite zu gehen. „Die Alten werden immer unverschämter", was dann die Alten natürlich mühelos umdrehen und den Jüngeren zuweisen.

Jeder fühlt sich aus seiner Sicht im Recht und das ist der Stoff, aus dem dann sogar Kriege entstehen. Die Dinge wirken tatsächlich im Größten wie im Kleinsten. Das ist der Grund, warum ich Ihnen dieses simple Beispiel erzähle. Vielleicht werden Ihnen jetzt ähnliche Dinge bewusst – in Ihrer Familie vielleicht, Ihrem Arbeitsplatz, dem Verein oder wo auch immer?

Wenn sich dann Ihre Sicht einer bestimmten Sache und auch Ihr Umgang damit etwas verändert, wäre auch das so etwas wie die vorsichtige Lockerung einer Käfigstange.

Es sind nicht immer die großen Dinge, und so hat die kleine Holzbrücke in meinem Wohnort direkt zwar nichts, aber indirekt doch eine ganze Menge mit der Einhaltung der Menschenrechte in China zu tun.

In beiden Fällen werden Rechte missachtet, Menschen zur Seite gedrückt, und wenn man dann darauf aufmerksam macht, erfolgt eine aggressive Reaktion.

So lässt sich die Regierung des riesigen China ebenso wenig von Amerikanern oder Deutschen in ihre Handhabung der Menschenrechte hineinreden, wie sich die Radfahrer auf meiner kleinen Holzbrücke von mir in ihren Umgang mit den Rechten anderer hineinreden lassen. Wie gesagt, die Dinge geschehen tatsächlich im Größten wie im Kleinsten.

Es ist die Vielzahl sogenannter Kleinigkeiten, die unseren Alltag bestimmen, die uns am Ende eines Tages zufrieden oder unzufrieden dastehen lassen. In diesen ganz normalen Alltag müssen wir Bewusstheit bringen. Für diesen ganz normalen Alltag möchte ich Ihre Wahrnehmung schärfen.

Wir müssen damit beginnen, unser eigenes Verhalten zu hinterfragen.

Nur unser eigenes Verhalten können wir ändern. Die Welt und das Verhalten anderer können wir nicht ändern. Aber die Änderung unseres eigenen Verhaltens führt dann allmählich auch zu Änderungen bestimmter Verhaltensweisen in unserem Umfeld.

Wir sind der Schlüssel zum Wechsel. Nicht die anderen!

Ich weiß, solche Erkenntnisse sind nicht gerade beliebt. Ist es doch wesentlich einfacher, die anderen als Alibi für unsere Probleme und unser daraus erwachsendes Verhalten zu benennen.

Aber was fange ich nun mit solchen Erkenntnissen im Falle der zitierten Fußgängerbrücke an? Wie kann ich z.B. hier mein Verhalten so ändern, dass sich im Laufe der Zeit auch das Verhalten anderer ändert? Das Thema ist ja allein mit meinen Kommentaren noch keinesfalls gelöst. Ich erlaube mir daher die Frage, was Sie an meiner Stelle tun würden?

Nehmen Sie sich bitte wieder ein wenig Zeit, um darüber nachzudenken, und vergleichen Sie dann Ihre angedachte Lösung mit meinem Lösungsansatz. Natürlich will ich Ihnen nicht vorenthalten, wie ich mich nunmehr auf der Brücke verhalte. Ich habe meinen Ansatz völlig verändert.

Ich lobe die Radfahrer, die absteigen, und nehme die rücksichtslosen lediglich staunend zu Kenntnis.

Das muss ich sicher etwas näher erklären. Wenn jemand absteigt und sein Fahrrad an mir vorbeischiebt (das sind immerhin so um die dreißig Prozent der Radler), dann spreche ich ihn direkt an und bedanke mich freundlich für sein rücksichtsvolles Verhalten, was ja leider für die meisten nicht so ganz normal sei. Dieser Nachsatz wird mir dann meist umgehend bestätigt, und auf diese Weise habe ich schon manch interessantes Gespräch geführt und manch interessante Bekanntschaft gemacht.

So verschaffe ich mir durch Änderung meines Verhaltens auf dieser Brücke nunmehr Freunde, statt – wie vorher – Feinde.

Nun wird sicher mancher Leser/in denken: „*Solche Probleme möchte ich auch mal haben*". Seien Sie ganz sicher, Sie haben solche Probleme, wahrscheinlich nur an ganz anderen Stellen. Aber die Mechanismen, durch die sie entstehen, und die Möglichkeit, sie auch wieder zu entschärfen, sind im Größten wie im Kleinsten gleich.

Wenn Sie das erkennen und Bewusstheit in die kleinen Dinge des Alltags bringen, werden Ihnen die großen Dinge weniger Schwierigkeiten bereiten. Erst die kleinen Schritte machen den Weg.

Ihr Käfig wird durchlässiger, Sie werden souveräner und vor allem, „ganz ohne sich zu verbiegen".

7

Leer werden, um Platz
für Neues zu schaffen

In ein Gefäß, das voll ist, kann man nichts mehr hineinfüllen.

Versuchen wir es trotzdem, wird das, was wir hineinfüllen wollen, über den Rand des Gefäßes laufen. Es wird je nach Konsistenz sofort versickern, langsam vertrocknen oder, falls es sich um unser Gefäß herum anhäuft, irgendwann hinweggewischt werden.

Unser Einfüllversuch bleibt in jedem Fall wirkungslos. Wir können etwas nicht aufnehmen, obwohl wir es doch so gerne aufgenommen hätten. Es war einfach kein Platz mehr da, es war schon voll.

Natürlich könnten wir ein zweites, noch leeres Gefäß nehmen, um derartige Probleme zu vermeiden, aber bei dem, was wir vorhaben, haben wir leider nur ein einziges Gefäß zur Verfügung.

Dieses Gefäß sind wir selbst.

Wir müssen uns entscheiden, entweder Altes auszugießen, um Neues aufnehmen zu können, oder beim alten Stand der Dinge zu bleiben und nichts zu verändern. Das Gefäß, von dem wir hier reden, ist vor allem auch unser Verstand, der vorwiegend mit den Aufzeichnungen unseres Unterbewusstseins arbeitet, das im Laufe der Zeit durch seine zahllos aufgezeichneten Erfahrungen immer mehr zugemüllt wurde.

Auf dieser Basis findet unser Verstand sofort und für alles eine entsprechende Einsortierung, findet für alles und jedes sofort eine entsprechende Schublade. Da, wie gesagt, unser Verstand vorwiegend mit den Erfahrungen unserer Vergangenheit arbeitet, ist er naturgemäß auch mehr rückwärts als vorwärts orientiert. Wirklich neue Wege, die im Widerspruch zu unserem alten Verhalten stehen, kommen dabei kaum zustande.

Was unser Verstand nicht kennt, zu was er noch keine Erfahrung gesammelt hat, zu dem er deshalb auch noch kein Verhaltensmuster entwickeln konnte, das wehrt er zunächst einmal ab. Vorsicht ... Vorsicht ... unbekanntes Terrain!

Wenn wir diese Mechanismen unseres Verstandes nicht überwinden, bleiben wir in unserem Käfig sitzen.

Aber andererseits geht es nun mal auch nicht ganz ohne unseren Verstand. Wir brauchen unseren Verstand, um zu überleben. Unser Verstand und unsere daran gekoppelte Denkfähigkeit ist das, was uns auf dieser Erde von allen anderen Mitlebewesen unterscheidet. Es ist unsere Überlebenssicherung. Aber wie kann ich dann als Autor sagen, dass wir den Mechanismus genau dieses Verstandes überwinden müssen?

Um allen Missverständnissen vorzubeugen:

Wir sollen unseren Verstand keinesfalls außer Kraft setzen. Das wäre töricht.

Wir sollen lediglich seine *Vorherrschaft überwinden.*

Wir sollen uns *seinem dauernden Geplapper und seinem Diktat entziehen.*

Wir sollen *seine Gedankenproduktion kontrollieren und kritisch hinterfragen.*

Wir sollen uns seiner als einer Fähigkeit bedienen, die wir zur Verfügung haben und über die allein wir bestimmen.

Haben wir unseren Verstand,
oder hat unser Verstand uns?
Wer bestimmt über wen? Wer führt wen?

Nun habe ich hier zwischen unserem Verstand und uns unterschieden. Vielleicht hat Sie dies ein wenig irritiert. Unser Verstand sind doch auch wir, der Verstand ist doch nichts von uns Getrenntes, wir sind doch eins! Der Verstand ist doch nicht irgendwo außerhalb von uns.

Ja, selbstverständlich, der Verstand ist ebenso „wir", wie unser Kopf, unsere Füße oder unsere Hände „wir" sind.

Das aber wirft die Frage auf, was dieses „Wir" denn nun im Ganzen ist, denn neben unserem Verstand, mit dem wir uns bisher beschäftigt haben, haben wir doch auch noch so etwas wie Gefühle, die mit dem Verstand meist rein gar nichts zu tun haben. Sie können sogar in krassem Gegensatz zu unserem Verstand stehen.

Unser Verstand will etwas und unser Gefühl sagt nein, oder unser Gefühl will etwas und unser Verstand sagt nein.

Allein aus der Existenz von logischem Verstand und völlig unlogischen Gefühlen, können wir so etwas wie zwei unterschiedliche Ebenen des Menschen ableiten. Dazu müssen wir auch nicht frisch verliebt sein, ein Zustand, von dem man sagt, dass der Verstand dann bekanntlich aussetzen soll.

Kein größeres Problem, irgendwann holt uns der Verstand auch in solchen Fällen wieder ein.

Der Mensch ist eine höchst brisante Kombination zweier völlig unterschiedlicher Ebenen.

Nicht nur, dass diese Ebenen völlig unterschiedlich sind, sie sind dadurch auch so gut wie unvereinbar. Sie finden nicht zueinander, sie können einander nicht verstehen, sie können sich nicht begreifen. So ist eine gewisse Zerrissenheit im Menschen schon vorprogrammiert.

Aber welchen Sinn soll nun eine solche Konstruktion machen? Ist dies womöglich eine völlig sinnlose Laune der Natur oder gar des Schöpfergottes selbst? Hat Gott – wen oder was immer wir uns zunächst einmal darunter vorstellen – hier Pfusch abgeliefert? Vorprogrammierte Zerrissenheit bei seiner Schöpfung Mensch, die ja die Krone der Schöpfung sein soll? Kann das wirklich so gewollt sein?

Um darauf eine Antwort zu finden, muss ich etwas weiter ausholen. Wenn Ihnen dabei schon einiges bekannt vorkommt – z.B. aus anderen Büchern von mir – so lässt sich dies nicht ganz vermeiden, denn ich kann nicht voraussetzen, dass jemand alle Bücher von mir liest, um erst dadurch das hier vorliegende Buch verstehen zu können.

Die gesamte Schöpfung Erde ist im Prinzip der Polarität angelegt.

Alles hat zwei Pole, alles hat positiv und negativ geladene Teilchen, vom kleinsten Atom bis zum größten Felsbrocken. Auch jeder Begriff, den wir in unserer Sprache benutzen, existiert nur durch den entsprechenden Gegenbegriff, laut-leise, schnell-langsam, hoch-tief, warm-kalt, hell-dunkel usw.

Bei der Gattung Mensch haben wir zunächst einmal die äußerlich sichtbare Polarität zwischen männlich und weiblich und dann weiterführend in jedem einzelnen Menschen – gleichgültig, ob nun männlich oder weiblich – die Polarität zwischen begrenzt und unbegrenzt.

Wir können z.B. mit unseren Gedanken und Vorstellungen ganz woanders sein, als unser Körper sich im Moment befindet. Ein Tier kann das nicht. Ein Tier lebt ausschließlich den Moment und kann auch nicht in gestern, heute und morgen unterscheiden.

> Der Mensch ist eine Kombination
> von „un"-begrenztem Geist
> und „be"-grenzter Materie.

Der begrenzte materielle Körper existiert dabei lediglich zwischen Zeugung und Tod.

Der unbegrenzte Geist jedoch, die Ursubstanz des Lebens, bleibt von Zeugung und Tod unberührt.

Der unbegrenzte Geist ist der göttliche Funke in uns, ein Tropfen aus der Urquelle, der sich in unserer Gestalt manifestiert hat, ist unbegrenzte Ursubstanz, ist unser göttliches Erbe. Wir sind und bleiben immer und überall Teil dieser Ursubstanz, obwohl diese natürlich nicht teilbar ist. Ein Leben außerhalb dieser Ursubstanz ist nicht möglich.

Gott lebt und erfährt sich selbst in seiner Schöpfung und bleibt dabei selbst unmanifestiert. Das, was wir als Gott bezeichnen, hat selbst keine Gestalt.

Kein begrenztes menschliches Wesen wird diesen unbegrenzten Gott jemals erkennen oder gar verstehen können (als Ableitung von Verstand).

Verstehen und erkennen können wir Gott nur in seiner Schöpfung und dazu ist unser vielgelobter Verstand relativ ungeeignet. Unser Gefühl, unsere Intuition ist für eine solche Erkenntnissuche das weitaus geeignetere Instrument.

Wir können Gottes Anwesenheit fühlen, wir können sie erleben, wir können wissen, dass wir in ihm sind, aber dieses Wissen ist nicht das Wissen unseres Verstandes, der nach beweisbaren oder sogenannten „gerichtsverwertbaren" Tatsachen sucht.

Unser Verstand wird wahrscheinlich sogar einwenden, dass es so etwas wie Gott gar nicht geben kann – und einen gerechten Gott schon gar nicht – wenn wir alles Elend und auch die haarsträubenden Ungerechtigkeiten auf dieser Welt betrachten.

Hat Gott etwa Freude daran, Menschen zu quälen und leiden zu lassen?

Wenn wir gesagt haben, dass Gott sich in seiner Schöpfung manifestiert, manifestiert er sich dann auch in all dem, was wir als böse und ungerecht betrachten, ist auch das alles Gott, oder ist hier eine andere Macht am Werk? Hat Gott so etwas wie einen Gegenspieler, der ihm dauernd ins Handwerk pfuscht?

Das Christentum macht dazu den Teufel, einen von Gott abgefallener Erzengel, verantwortlich. Aber kann man von Gott abfallen, wenn Gott die Ursubstanz allen Seins ist, wenn die gesamte Schöpfung eine Manifestation Gottes ist. Kann ich mich dann von dieser Ursubstanz einfach verabschieden? So nach dem Motto: „Ich bin dann mal eben weg ... oder so?" Kann ich aus der Schöpfung austreten?

Wenn wir gesagt haben, dass die gesamte Schöpfung Erde im Prinzip der Polarität angelegt ist, dann gehören auch gut und böse, dann gehören auch Liebe und Hass ebenso zu dieser Polarität wie hell und dunkel oder kalt und warm.

Die Schöpfung wäre nicht komplett, wenn es diese Polaritäten nicht gäbe. Wir brauchen die Möglichkeit zum Bösen ebenso wie die Möglichkeit zum Guten, oder wir hätten keine Wahl. Wir hätten keine Möglichkeit, „bewusst" unseren Weg zu wählen.

Wenn wir nicht auch hassen könnten, wäre es keinerlei Verdienst, sich für Liebe zu entscheiden. Wir könnten ja gar nicht anders.

In jedem Menschen steckt ebenso ein potentieller Mörder wie ein potentieller Heiliger.

Ich weiß, in Ihnen, verehrter Leser oder Leserin, natürlich nicht. Sie würden niemals einen Menschen umbringen können, obwohl Ihre Gedanken ... zumindest in Zorn und Enttäuschung schon mal ..., aber wir wollen das nicht vertiefen. Jedenfalls hätten Sie die Möglichkeit dazu, aber Sie haben sich anders entschieden. Das alleine zählt!

Ich habe die Erde schon einmal als eine Schule bezeichnet, in der wir den Umgang mit unserer geistigen Schöpferkraft zu erlernen haben. Wie aber könnten wir den bewussten Umgang damit erlernen, wenn wir uns ohnehin immer nur in eine Richtung bewegen könnten?

Wir brauchen die Möglichkeit zur Gegenrichtung.
Wir brauchen die Möglichkeit einer Wahl.
Wir müssen das geistige Gesetz
von Ursache und Wirkung ausprobieren können.

Wir müssen erfahren können, dass bestimmte Ursachensetzungen ganz bestimmte Wirkungen nach sich ziehen. Nur auf diesem Weg können wir lernen, bewusst die Ursachen für das zu setzen, was wir dann auch tatsächlich ernten wollen, und konsequent das zu vermeiden, was wir nicht ernten wollen.

Fehler, Misserfolge und schmerzhafte Erfahrungen aller Art sind dabei nichts anderes als wertvolle Erfahrungen.

Danke für den Fehler – er hat mich weitergebracht – ich habe etwas erkannt!

Wir können einem Kind tausendmal erklären, dass es die Herdplatte nicht anfassen soll, weil diese heiß ist und es sich die Finger verbrennt, was dann sehr weh tut.

Solange das Kind nicht erfahren hat, was heiß bedeutet, solange es nicht erfahren hat, was wehtun bedeutet, so lange werden unsere Ermahnungen fruchtlos bleiben. Ist es nun ein Glück oder Unglück, wenn ein Kind sich die Finger verbrennt?

Es ist weder das eine noch das andere. Es ist nichts anderes als eine wichtige Erfahrung, die es irgendwann einmal machen musste. Der größte Fehler, den wir machen könnten, bestünde darin, ein

106

Kind mit aller Gewalt von jeder Art schmerzhafter Erfahrungen abhalten zu wollen und z.B. jede Möglichkeit einer persönlichen „Heiß-Erfahrung" auszuschließen. Wir würden es damit von seiner Entwicklung abhalten.

Dies ist natürlich immer vom Grad der Entwicklung eines Kindes abhängig. Auf ein Krabbelkind würden wir sicher anders aufpassen als auf ein zehnjähriges Kind. Wenn Sie z.B. eine Tochter im Teenageralter betreuen, werden Sie ihr schmerzhafte Erfahrungen in Liebesbeziehungen auf keinen Fall ersparen können. Sie muss diese Erfahrungen machen können, früher oder später. Sie wächst und reift daran. Sie wird ebenso auf Wolke sieben schweben, wie sie tiefes Leid erfahren wird.

So lässt es auch Gott zu, dass wir in unserem Leben die falschen Ursachen setzen und damit völlig ungewünschte Ernten einfahren. Wie sonst sollten wir lernen, die richtigen Ursachen zu setzen? Wir brauchen solche Erfahrungen, wir brauchen die Freiheit unserer Entscheidungen, oder wir würden nichts lernen, wir würden keine Erfahrungen sammeln können.

Wenn Sie nun einmal überlegen, was in Ihrem Leben bisher schief gelaufen ist, wo Sie schmerzhafte Erfahrungen machen mussten, dann haben Sie zwei Möglichkeiten, damit umzugehen.

1. Sie können solch schmerzhafte Erfahrungen als ungerechtes Schicksal beklagen, an dem Sie natürlich selbst keinerlei Anteil hatten. *(Die allseits beliebte Opferrolle)*

2. Sie können sie als notwendige Erfahrungen verbuchen, durch die Sie Ihre eigenen Fehler erkannt haben und sich für diese Erkenntnis bedanken.

Dies mutet vielen natürlich als eine ungeheure Zumutung an. Ich soll mich für eine schmerzhafte Erfahrung auch noch bedanken? Ja, sollen Sie, denn seien Sie ganz sicher ...

Es gibt nichts in Ihrem Leben, zu dem Sie nicht auch selbst die Ursachen gesetzt hätten. Direkt oder indirekt!

Ja, aber der oder die hat mich doch betrogen und belogen, mich hintergangen, mich ausgenutzt und schamlos hinters Licht geführt. Das habe ich doch nicht alles selbst getan, das lässt sich doch ganz klar beweisen, das sind doch unwiderlegbare Fakten.

Ja, natürlich haben Sie das nicht selbst getan, aber Sie haben durch Ihr Verhalten die Möglichkeit dazu gegeben, haben es vielleicht sogar provoziert, oder es hätte nicht geschehen können. Sie haben Ihren Anteil daran, garantiert! Sie sind nicht einfach von einem ungerechten Schicksal heimgesucht worden, so bequem die Opferrolle in solchen Fällen auch immer ist.

Es gibt kein sogenanntes Schicksal. Es gibt nur das „unbestechliche Gesetz" von Ursache und Wirkung.

Wir sind hier in dieser Schöpferschule Erde, um den bewussten Umgang mit unserer geistigen Schöpferkraft zu erlernen, und das können wir am ehesten durch unsere eigenen Fehler. Hier spüren wir es dann hautnah und das war schon immer die eindrucksvollste Lehrmethode.

Wenn ich auf mein eigenes Leben zurückblicke, dann haben mich die Erfahrungen, die am schmerzhaftesten für mich waren, auch am weitesten gebracht. Hätte ich damals schon gewusst, was ich heute weiß, hätte ich mir solche Erfahrungen ganz einfach ersparen können.

Aber das Leben ist ein Weg, den wir gehen, und an der Stelle des Weges, an der ich damals stand, wusste ich noch nicht um solche Gesetzmäßigkeiten. Selbst wenn sie mir jemand erklärt hätte, hätte ich ihm wahrscheinlich nicht geglaubt, hätte ich das einfach nicht annehmen können

Abkürzungen sind auf unserem Weg zwar durchaus erlaubt, aber ich müsste die richtigen Abkürzungen auch kennen und dazu brauche ich wieder die vorhergegangenen Erfahrungen.

Aber gehen wir zurück zum Thema dieses Kapitels: „Leer werden, statt immer mehr einfüllen" und dabei spielt der Umgang mit unseren Erfahrungen eine große Rolle.

Lähmt mich eine schmerzhafte Erfahrung oder motiviert sie mich, es besser zu machen?

Wie oft höre ich Menschen sagen, dass sie so etwas nie mehr machen werden, dass sie z.B. nie mehr heiraten werden, nie mehr jemandem vertrauen können, nie mehr ein solches Risiko eingehen werden usw. Mit diesem Denken verordnet sich jemand selbst den Stillstand und schließt sich von neuen Erfahrungen aus. Er macht zu und bleibt auf seinem alten Erfahrungsstand stehen. Das Gefäß ist voll, ein Lernthema bleibt unerledigt.

Prüfen wir einmal uns selbst ... Auf wie vielen Gebieten haben wir selbst schon abgeschlossen, wo sind auch wir schon voll und lassen nichts Neues mehr hinein, haben unverrückbar unseren

Standpunkt gefunden? Schließlich haben wir ja unsere Erfahrungen nicht umsonst gemacht.

Doch, leider haben Sie sie umsonst gemacht, wenn Sie sich dadurch entmutigen lassen. Sie haben sich ausbremsen lassen. Sie bleiben auf der Stelle Ihrer Erfahrung stehen. Sie haben Ihr Gefäß mit Ihrer Erfahrung verstopft. Sie können nichts Neues mehr aufnehmen.

Aber wie kommen wir aus dieser Zwickmühle heraus? Wie können wir den angesammelten Müll unserer Erfahrungen wieder loswerden? Wie können wir leer werden und Neues aufnehmen? Wie können wir unser Verhalten ändern? Wir wollen doch den engen Käfig unseres Denkens verlassen.

Lassen Sie mich dies in den folgenden Kapitel behandeln.

Teil II

8

Der Weg in die innere und äußere Freiheit

Der Weg in die innere und äußere oder – wir können auch sagen – in die geistige und materielle Freiheit beginnt damit, dass wir das, was uns unfrei macht, dass wir das, was unser jetziges Denken und Handeln nahezu automatisiert hat, einmal grundsätzlich in Frage stellen.

Wie wir festgestellt haben, sind es unsere Konditionierungen, unsere eigenen Erfahrungen und die daraus stammenden Aufzeichnungen unseres Unterbewusstseins, die sich im Laufe der Zeit als sogenannte Wahrheiten in uns etabliert haben.

Diese vermeintlichen Wahrheiten und das daraus resultierende Bild, das wir von uns selbst und der Welt haben, sind das, was uns je nach Situation bremst oder antreibt, was alles Geschehen in und um uns herum automatisch in eine entsprechende Schublade einsortiert.

Aber wie soll ein solches „Infragestellen" überhaupt möglich sein? Wir haben doch nichts anderes als das Fundament, auf dem unser bisheriges Leben gewachsen ist, wir können die daraus resultierenden Aufzeichnungen doch nicht einfach wie eine Computerdatei löschen und eine neue Software herunterladen.

Nun möchte ich, dass Sie diesen letzten ‚kleinen, fett gedruckten Absatz noch einmal ganz bewusst lesen. Tun Sie es bitte, auch wenn Sie über dieses Ansinnen im Moment etwas überrascht sind, lesen Sie bitte noch einmal.

Ich habe gesagt *„wir" haben doch nichts anderes als … – „wir" können das doch nicht einfach löschen.* Ist das so richtig? Können Sie dem zustimmen? Was empfinden Sie dabei? Wo könnte der Haken an einer solchen Behauptung liegen?

Dieser Absatz ist gleichermaßen richtig und auch falsch und ausschließlich von dem abhängig, womit wir dabei unser „Wir" identifizieren.

Identifizieren wir mit diesem „Wir" unsere begrenzte körperliche Existenz, oder sehen wir in diesem „Wir" mehr das, was wir in Wahrheit sind, ein unbegrenztes geistiges Wesen, ein Tropfen aus der göttlichen Urquelle, der sich vorübergehend in der Materie unseres Körpers manifestiert?

Übrigens, wenn Sie das „Göttliche" an dem, was ich hier als Urquelle bezeichne, nicht so sehr schätzen, lassen Sie es einfach weg. An dem, was wir hier behandeln, ändert das nichts. Ich weiß, dass die Bezeichnung „Gott" oder „göttlich" etwas überstrapaziert, vielerorts reichlich missbraucht wird und deshalb bei manchen Menschen eine gewisse Skepsis auslöst.

Also nennen Sie es, wie Sie wollen, das ändert nichts. Sprechen wir einfach von den zwei Ebenen des Menschen, der begrenzten und der unbegrenzten Ebene. Dazu ein recht einfaches Beispiel: Wenn Sie z.B. gemütlich auf der bequemen Couch Ihres Wohnzimmers liegen, dann ist Ihre begrenzte, körperliche Erscheinung für diesen Moment unzweifelhaft dort verhaftet. Ein Foto wäre dazu der unumstößliche und gerichtsverwertbare Beweis.

Trotzdem können Sie auf Ihrer unbegrenzten Ebene, können Sie z.B. mit Ihren Gedanken ganz woanders sein, obwohl Sie nachweislich auf dieser Couch liegen. Sie könnten in Ihren letzten Urlaubserlebnissen schwelgen oder noch einmal den kleinen Autounfall durchgehen, den Sie letzte Woche hatten.

Ein Teil Ihres Ich liegt auf der Couch, der andere Teil ist ganz woanders. Direkt fotografierbar ist dieser woanders seiende Teil allerdings nicht, obwohl er natürlich auch gewisse Auswirkungen auf Ihren Körper haben kann. Er kann ein zufriedenes Lächeln auf Ihr Gesicht zaubern, Sie auch zornig oder völlig teilnahmslos erscheinen lassen. Irgendwie drückt dann die Materie Ihres Körpers das aus, was in Ihrem Kopf abläuft.

Aber ganz so einfach wie in diesem Beispiel ist die Definition zwischen begrenzt und unbegrenzt nun leider nicht, es sollte auch lediglich ein Einstieg sein. Natürlich können Ihre Gedanken ganz woanders als Ihr Körper sein.

Aber was führt die Gedanken dann dort hin, wo sie sind?

Was löst die entsprechenden Gedanken aus?

Warum denken Sie gerade das, was Sie in diesem Moment denken?

Das ist doch kein Zufall! Es muss dazu doch einen Auslöser gegeben haben, bewusst oder unbewusst.

> Gedanken entstehen nicht
> aus sich selbst heraus.
> Gedanken haben immer
> ein auslösendes Element.

Diese Initialzündung kann sowohl von unserer begrenzten wie auch von unserer unbegrenzten Ebene ausgehen. Beide Ebenen können sich gleichermaßen unseres viel gelobten Gedankenapparats bedienen.

Aber wie können wir nun feststellen, aus welcher Ebene ein Gedanke kommt? Wie können wir feststellen, was unser augenblickliches Denken bestimmt, und warum sollte man so etwas überhaupt feststellen wollen? Worin läge der Nutzen, wenn wir es dann endlich festgestellt haben?

Nun erinnere ich noch einmal an den Titel dieses Buches: *„Den engen Käfig des Ego verlassen"*. Wie wollen wir es schaffen, diesen Käfig zu sprengen, wenn wir nicht einmal Klarheit darüber erlangen, wie die Gedanken entstehen, die dann unser Handeln bestimmen. Nur wenn uns dies einigermaßen klar wird, können wir doch entsprechend gegensteuern.

Nun gibt es einen sehr einfachen Ansatz, wenn man weiß, dass sich unser Denkapparat bei seiner Arbeit in der Regel der Aufzeichnungen unseres Unterbewusstseins bedient. Diese Aufzeichnungen sind für unseren Denkapparat so etwas wie die Software eines Computers und in der Zeit von unserer Zeugung an bis ins Jetzt entstanden. Seien sie nicht böse, wenn ich dies des öfteren wiederhole. Es ist elementar wichtig, dass Sie diesen Mechanismus kennen.

Das Problem dabei ist, dass die Software unseres Unterbewusstseins allein unsere begrenzte Ebene widerspiegelt.

Das Unterbewusstsein ist so etwas wie unser „emotionales Gedächtnis". Ich habe dies schon am Anfang des Buches einmal erklärt. Erfolge und Misserfolge sind hier ebenso gespeichert wie erlittene Verletzungen, Missachtungen, Liebesentzug, Trennungen und alles andere, was weh getan hat.

Unsere gespeicherten technischen Fähigkeiten, wie Autofahren, Rechnen, Konstruieren oder Operieren, wenn Sie z.B. Chirurg sind, sind in anderen Regionen des Hirns gespeichert. Emotionen sollten hier sogar ausdrücklich draußen bleiben – ich möchte zum Beispiel nicht von einem emotional gesteuerten Chirurgen operiert werden – aber wie meistens sind auch hier die Übergänge fließend.

Ich wiederhole das alles noch einmal, weil es besonders wichtig ist, dies zu verstehen. Was im Archiv unseres Unterbewusstseins gespeichert ist, ist für unseren Denkapparat die erlebte und bewiesene Wahrheit. Was dort nicht gespeichert ist, ist für ihn im wahrsten Sinne des Wortes nicht denkbar. Dazu fehlt ihm dann ganz einfach die notwendige Software.

Wenn z.B. in unserem Archiv die erlebte Wahrheit gespeichert ist, dass ich eine bestimmte Sache nicht kann, weil ich dazu einfach kein Talent habe, oder dass ich weniger wert bin als andere und mich deshalb bescheiden zurückhalten sollte, dann wird es mir kaum möglich sein, mich nun plötzlich im Gegensatz zu diesen gespeicherten Wahrheiten zu verhalten.

Sollte ich es dennoch versuchen, – es gibt ja ein paar Schlaumeier, die verkünden, dass man „nur stark genug wollen muss" –, wird das Unterbewusstsein alle Register ziehen, um mich davon abzuhalten, was bis hin zu körperlichen Symptomen führen kann.

Ich werde mich dann in der Sache, die als „kann ich nicht" (z.B. Reden vor einer größeren Gruppe) gespeichert ist, noch linkischer anstellen als vorher, und sollte ich versuchen, meine normalerweise bescheidene Zurückhaltung aufzugeben, und mich deutlich zu

Wort melden, wird es mir die Röte ins Gesicht treiben, das Herz wird zu rasen beginnen und das, was ich willentlich doch so deutlich sagen wollte, kommt nur bruchstückweise aus mir heraus. Irgendwie komisch – oder?

Danach würden wir also den engen Käfig unseres Denkens und Handelns ja niemals verlassen können, würden wir uns nie erfolgreich gegen die gespeicherten Wahrheiten unseres Unterbewusstseins stellen können.

Tatsächlich ist dies bei den meisten Menschen auch so, sie bleiben in ihrem gewachsenen Käfig sitzen, aber Sie müssen ja nicht zu diesen Meisten gehören. Es gibt einen Weg!

Zu diesem Weg möchte ich Sie behutsam hinführen und hoffe dabei auf Ihre Geduld. Ich muss diesen Weg systematisch aufbauen. Wenn Sie die hier wirkenden Mechanismen nicht durchschaut und verstanden haben, werden Sie keinen Erfolg haben können. Wenn Sie ein Haus umbauen wollen, müssen Sie das dazu notwendige Handwerkszeug beherrschen oder Sie werden den Umbau nicht schaffen.

Nur mit dem, was ich durchschaue,

kann ich umgehen.

Was ich nicht durchschaue,

geht mit mir um.

Und genau das wollten wir doch verhindern!

Nun sollten wir aber aus meinen Schilderungen keinesfalls den Schluss ziehen, dass das Unterbewusstsein gegen uns arbeitet. Ganz im Gegenteil. Das Unterbewusstsein will uns aufgrund seiner aufgezeichneten Erfahrungen vor weiteren schmerzhaften Erfahrungen gleicher Art bewahren: *Kannst du sowieso nicht, lass die Finger davon, bleib schön im Hintergrund, du blamierst dich sowieso.*

So etwas wie ein ungebetener Schutzengel also. Nun sind Schutzengel ja grundsätzlich etwas Positives, das einzige Problem dabei ist, dass unser Schutzengel Unterbewusstsein selbst ohne jede Intelligenz ist.

Die Aufzeichnungsmaschine unseres Unterbewusstseins besitzt die höchst beeindruckende Intelligenz eines Schuhkartons.

Was in diesem Karton abgelegt ist, ist die Wahrheit, was nicht drin ist ..., ist nicht!

Ich weiß, dass andere Autoren schon von der unendlichen Weisheit unseres Unterbewusstseins gesprochen haben. Dies ist leider falsch. Mit der unendlichen Weisheit ist unsere geistig-seelische Ebene – unser wahres Sein, der Tropfen aus der göttlichen Quelle – verbunden. Unser Unterbewusstsein repräsentiert lediglich die Phase unserer körperlichen Existenz von Zeugung bis jetzt. Dies kann man nicht oft genug klarmachen.

Nun nähern wir uns allmählich dem Weg, zu dem ich Sie hinführen möchte, und der verlangt etwas von Ihnen, was Sie als Kleinkind schon einmal ganz normal praktiziert haben. Beobachten Sie ein Kleinkind, das gerade zu sprechen beginnt, und Sie werden feststellen, dass es von sich selbst in der dritten Person spricht. Peter müde, Peter lieb, Peter Hunger usw.

Das unbegrenzte geistige Ich, der Tropfen aus der göttlichen Urquelle, der sich in dem heranwachsenden Körper manifestiert hat, kann sich noch nicht voll mit diesem Körper identifizieren. Das Ich-Bewusstsein liegt noch auf der Ebene der unbegrenzten geistigen Existenz. Die begrenzte Materie des Körpers ist zwar etwas, mit dem es verbunden ist, aber es wird noch nicht als das Ich empfunden.

Die Umschaltung findet dann leider sehr schnell statt. Kommen wir aus der All-Einheit der Urquelle, so lernen wir jetzt sehr schnell in Ich und Du, in Mein und Dein zu unterscheiden. Elternhaus, Kita, Kindergarten, Schule, Uni, Beruf, evtl. auch sportliche Karrieren bauen unser Selbstbewusstsein – oder sagen wir richtiger unser Ego – dann immer weiter auf.

Nun habe ich absolut gar nichts gegen ein starkes Selbstbewusstsein. Ganz im Gegenteil! Entscheidend ist allein, ob wir diese Fähigkeit, sich unserer selbst bewusst zu sein, aus unserer begrenzten oder aus unserer unbegrenzten Ebene ableiten. Die Erscheinung Mensch ist ja eine Kombination dieser beiden Ebenen.

Unser Körper ist wie ein Haus, das wir bewohnen.

Wir können uns zwar mit diesem Haus identifizieren, wir können es hegen und pflegen, einen schönen Vorgarten anlegen, die Auffahrt kunstvoll pflastern, aber wir sind nicht dieses Haus. Sie würden doch zu diesem Haus nicht Ich sagen.

Es wohnt etwas Wunderbares in diesem Haus. Dieses Wunderbare ist das, was wir in Wahrheit sind, ein unbegrenztes geistiges Wesen!

Bestimmt nun unser Haus über uns oder bestimmen wir über unser Haus? Viele Menschen, die von sich behaupten, dass sie ein

Haus besitzen, sagen die Unwahrheit. Nicht sie besitzen das Haus, das Haus besitzt sie. Sie stecken alles in ihr Haus und reduzieren andere Bedürfnisse gegen null. Das Haus bestimmt ihr Leben, es soll gut dastehen und allenthalben akzeptiert oder noch besser „bewundert" werden.

Nun haben wir unser Unterbewusstsein als unser mentales Gedächtnis definiert und unsere technischen Fähigkeiten speziellen Teilen unseres Hirns zugeordnet. Wir befinden uns bei diesen beiden Definitionen immer noch ausschließlich auf unserer begrenzten körperlichen Ebene. Wenn unsere körperliche Existenz im Tod endet, wenn unser Hirn nicht mehr durchblutet wird, erlöschen zwangsläufig auch diese beiden Ebenen.

Was ist aber nun unsere unbegrenzte Ebene, von der ich ja gesagt habe, dass sie unser wahres Sein ist? Und spätestens bei diesem Erklärungsversuch gerate ich in Beweisnot.

Wie könnte ich etwas in der Materie nicht Nachweisbares am Ende doch noch schlüssig beweisen? Ich kann es nicht oder ich könnte auch Gott schlüssig beweisen und das ist meines Wissens bisher noch niemandem gelungen.

Am besten können Sie einen solchen Beweis noch aus sich selbst heraus erbringen:

Indem Sie einmal ganz bewusst Ihre Intuitionen wahrnehmen. Indem Sie bewusst Ihr sogenanntes Bauchgefühl beobachten. Indem Sie bewusst jenes untrügliches Gefühl wahrnehmen, das Sie manchmal bei einer Sache beschleicht, und das Sie mit Ihrem Verstand nicht erklären können.

Was sich da in Ihnen regt, hat mit Ihrem Verstand absolut nichts zu tun, es ist eine ganz andere Ebene.

Mit dem Verstand betrachtet ist vielleicht sogar alles in Ordnung und trotzdem gehen bei Ihnen alle Warnlampen an. Sie spüren etwas, was mit Ihrem Verstand nicht erklärbar ist, ja, das sogar völlig gegen die verstandesmäßige Einschätzung einer Situation sein kann.

Nun stehen Sie in einem Zwiespalt zwischen Verstand und Gefühl, zwischen begrenzt und unbegrenzt. Wer oder was wird am Ende Ihre Handlungsweise bestimmen? Meine Empfehlung:

In einem Zwiespalt
zwischen Verstand und Gefühl
folgen Sie bitte immer Ihrem Gefühl.

Ihr Gefühl ist weiser als Ihr begrenzter kleiner Verstand, dem nur die Aufzeichnungen der Vergangenheit zwischen Zeugung und Jetzt zur Verfügung stehen.

Ihr Gefühl entspringt dagegen Ihrem wahren Sein, entspringt Ihrer unbegrenzten geistigen Ebene, die aus der allumfassenden Quelle schöpft, was Ihr Verstand dann wiederum nicht verstehen kann. – Allumfassend! Was soll das sein, wo fängt das an und wo hört das auf?

Können Sie z.B. die Unendlichkeit des Alls verstehen, als Leistung Ihres Verstandes? Ich kann das auf der Verstandesebene leider nicht. Mein Verstand ist damit völlig überfordert. Ich weiß zwar, was gemeint ist, ich kann es auch empfinden, ich kann es auch so annehmen, aber dies geschieht dann allein auf der unbegrenzten Ebene meines wahren Ichs.

Unser Verstand braucht zu seiner Arbeit immer zwei Pole, zwischen denen er dann – auf der Basis der Aufzeichnungen unseres Unterbewusstseins – seine Position festlegt. Nehmen wir zum Beispiel die Polarität zwischen gut und schlecht. Ist das Verhalten eines Menschen gut oder schlecht, vielleicht gerade noch akzeptabel oder schon völlig unmöglich?

Der Verstand sucht zwischen den beiden Polen gut und schlecht seinen Standpunkt, der natürlich nur völlig subjektiv ausfallen kann, denn die Festlegung geschieht ja ausschließlich aufgrund der begrenzten eigenen Aufzeichnungen. Sei´s drum – immerhin eine Festlegung.

Nehme ich nun aber meinem Verstand die beiden Pole weg, ist er im wahrsten Sinne des Wortes orientierungslos, denn eine anfangs- und endlose Unendlichkeit hat nun mal keine Pole. Also kann unser Verstand Unendlichkeit zwar zur Kenntnis nehmen, aber nicht verarbeiten.

Was hat das nun alles mit unserem Ziel, den engen Käfig unseres Egos zu sprengen, zu tun? Ich bin sicher, dass Sie dies bereits erkannt haben:

> Wir müssen unser ICH mit unserem
> „un"-begrenzten geistigen Sein
> identifizieren und dann von dort aus
> unsere „be"-grenzte körperliche Ebene
> beobachten und analysieren.

Aber wie macht man das? Wie soll so etwas funktionieren? Wir sind als Menschen doch nun einmal eine Kombination dieser beiden Ebenen, wir können uns doch nicht teilen. Wir wollen doch in

„innerem Frieden und in Harmonie" leben und nicht schon hier das gegenseitige Beobachten und Analysieren einführen. Lassen Sie mich dies im nächsten Kapitel behandeln.

Ich bin
im Moment
voll und ganz
damit beschäftigt,
nichts zu tun.

Blättern Sie bitte jetzt nicht weiter!

Legen Sie das Buch einen Moment zur Seite
und versuchen Sie einmal das Gleiche zu tun.

9

Welche Ebene dominiert Ihr Leben?

Sind Sie nun meiner Empfehlung gefolgt und haben es wirklich geschafft, einmal nichts zu tun? Nichts zu wollen und nichts nicht zu wollen, ja, nicht einmal zu denken, denn das ist ja auch ein Tun, oder haben Sie es gar nicht erst probiert und sich über mein Ansinnen nur gewundert?

Vielleicht haben Sie auch nur über diesen seltsamen Satz geschmunzelt? Hatten Sie so noch nicht gehört. Ganz lustig!

Wie kann man damit beschäftigt sein, nichts zu tun? Beschäftigt sein heißt doch, etwas zu tun. Was für ein Nonsens!

In welche Schublade hat Ihr Verstand meinen Vorschlag eingeordnet? Spinnerei, witzig, unseriös, Effekthascherei oder …?

Wie war Ihre Reaktion? Ich habe ja nichts Leichtes von Ihnen verlangt.

Es ist weitaus schwieriger,
voll und ganz damit beschäftigt
zu sein, „nichts zu tun",
als voll und ganz

damit beschäftigt zu sein,
„etwas zu tun".

Ihr Denkapparat will beschäftigt sein. Er rattert und rattert und rattert. Er möchte alles im Griff haben. Nur leider hat er damit auch Sie selbst im Griff, denn wir haben ja festgestellt, dass sich unser Verstand bei seiner Denkarbeit immer der Aufzeichnungen unseres Unterbewusstseins von der Zeugung bis jetzt bedient und alles und jedes in die dabei entstandenen Schubladen einsortiert.

In der Regel tritt unser Gedankenapparat also auf der Stelle, ist in der Vergangenheit verhaftet. Damit ist ein Sprengen des engen Käfigs unseres Denkens und Handelns wohl kaum möglich.

Hier ist ein konsequentes und bewusstes Eingreifen der Ebene oberhalb unseres Verstandes notwendig, unserer unbegrenzten geistigen Ebene.

Sinnvoll wäre es natürlich, unseren Denkapparat zunächst einmal etwas zu beruhigen und eine gewisse Ordnung in seine Abläufe zu bringen, um dann letztlich zu bestimmen, mit was wir ihn beschäftigen wollen. Wir allein sollten entscheiden, was wir in unserer Gedankenmühle zulassen, welches Korn wir dort zu mahlen bereit sind.

Aber so wichtig dies auch ist, es ist nicht das vordergründige Thema dieses Buches. Ich habe in meinem Buch: „Stehe über Deinem Denken – fünf wirksamen Schritte zur Beherrschung unserer Gedanken" alle dazu notwendigen Techniken erklärt und kann deshalb diese Thematik hier nicht noch einmal aufgreifen. Sie wollen ja nicht zweimal das Gleiche lesen, obwohl das gar nicht so verkehrt wäre. Das Gelesene wird Ihnen jedesmal noch etwas klarer werden – garantiert.

Vor einiger Zeit rief mich ein Mann an, der mir erzählte, dass er vor ca. drei Jahren ein Buch von mir gekauft, es kurz angelesen und dann enttäuscht weggelegt habe. Leider habe er damit nichts anfangen können. Gestern sei ihm dieses Buch beim Aufräumen erneut in die Hände gefallen, er habe noch einmal geblättert und dann noch in derselben Nacht das Buch voll und ganz durchgelesen. Heute verspüre er das dringende Bedürfnis, mir für dieses Buch zu danken, es habe ihm sehr geholfen und ihm sei vieles klar geworden.

Es ist also auch eine Frage des Zeitpunktes, an dem wir mit gewissen Dingen konfrontiert werden. Wir müssen reif sein, der Zeitpunkt muss gekommen sein, der Acker für den Samen aufbereitet sein. Normalerweise ist solch ein Zeitpunkt in der sogenannten Lebensmitte zu beobachten, wo man sich fragt, ob das nun alles gewesen sei, ob das nun einfach so weitergeht oder ob da noch was ganz anderes kommt? Ein wunderbarer Moment, wenn wir ihn zulassen und der angesammelte Müll ihn nicht wieder zudeckt.

In diesem Buch wollen wir uns der Automatismen unseres Denkens und Handelns bewusst werden. Wir wollen unser Oberstübchen durchleuchten. Wir wollen die Schubladen öffnen und kräftig durchlüften, in die wir bisher automatisch alles einsortiert haben, was in uns und um uns herum so vor sich ging.

Wir wollen diesen engen Käfig sprengen und aus unseren alten Mustern aussteigen, was unseren ganzen Mut erfordert.

Ein solcher Ausstieg ist nicht leicht. Er beginnt mit einer kritischen Analyse dessen, was in unseren Gefühlen und Gedanken abläuft. Er beginnt mit dem Mut zu einer neuen Betrachtungsweise und einem daraus erwachsenen neuen Denken und Handeln. Es gilt, eingefahrene Wege zu verlassen.

Unser Unterbewusstsein aber hat genau davor Angst, es will uns vor unbekanntem Terrain und daraus möglicherweise erwachsenem Unglück bewahren und zieht in seiner Verhinderungsstrategie alle ihm nur möglichen Register.

Aber unser Unterbewusstsein ist trotzdem nicht unser Gegner, sehen Sie das bitte nicht falsch!

Auch das möchte ich noch einmal vertiefen. Unser Unterbewusstsein ist wie ein guter Freund zu sehen, der uns vor Schaden bewahren will. Unser Freund hat bereits erfahren und in seinen Erinnerungen gespeichert, dass das, was wir da vorhaben, gefährlich sein könnte, und will uns nun wohlmeinend davon abhalten.

Wie können wir einen solch besorgten Freund beruhigen? Wie können wir ihm die Sorgen, die er sich macht, nehmen, damit er uns gewähren lässt?

Ganz einfach: Wir gehen nicht aufs Ganze, wir wählen einen kleinen und überschaubaren Schritt, den wir auch jederzeit wieder zurücksetzen könnten.

So argumentieren wir jedenfalls. Diese kleine Schlitzohrigkeit dürfen wir uns bei unserem Vorhaben durchaus leisten.

Noch nie wurde ein Problem durch kompromisslose Konfrontation gelöst. Wir wollen keinen Kampf in uns. Kampf ist Krampf! Wir setzen vielmehr auf Teamwork!

Wir signalisieren Verständnis, Liebe,
und Dankbarkeit für die Fürsorge
unseres Unterbewusstseins
und dann kommt unser kleines Aber ...

Dieses kleine „Aber" muss für unser Unterbewusstsein noch gerade mittragbar sein oder es legt uns lahm.

Zu weit zu gehen und gleich alles ändern zu wollen, ist der größte Fehler, den wir machen können. Es ist der Fehler, an dem die Vorhaben der meisten Menschen scheitern. Wenn wir bis gestern in einer bestimmten Richtung gedacht und gehandelt haben, dann können wir uns ab heute nicht in die totale Gegenrichtung bewegen.

> Wenn unser bewusstes Wollen
> den Aufzeichnungen
> unseres Unterbewusstseins
> zu krass entgegensteht,
> siegt immer und ausschließlich
> unser Unterbewusstsein.

Wir wollen zwar, aber wir können ganz einfach nicht. Das heißt nun keinesfalls, dass wir unser Wollen niemals durchsetzen können. Wir können es durchsetzen, aber wir können dies nur in kleinen Schritten. Ich hoffe, dass dieser elementar wichtige Umstand deutlich geworden ist.

Wenn Sie schon immer etwas wollten, es sich auch ganz fest vorgenommen und trotzdem nicht geschafft haben, dann ist dies keinesfalls ein Indiz dafür, dass Sie es auch in Zukunft nicht schaffen können, obwohl Ihr Unterbewusstsein dies dann als „können wir nicht" gespeichert hat und Sie von weiteren Versuchen abhalten will.

Es ist lediglich ein Indiz dafür, dass Sie in der Vergangenheit falsch vorgegangen sind. Sie wollten vermutlich zu viel auf einmal. Machen Sie es diesmal richtiger.

Nehmen wir ein ganz einfaches Beispiel. Alles spielt sich gleichermaßen im Größten wie im Kleinsten ab.

*Am Kleinsten können wir
das Größte erkennen.
Das kleinste Atom funktioniert nach
den gleichen Gesetzmäßigkeiten
wie das gesamte Universum.*

Ein recht simples Beispiel: Es gibt heute kaum noch ein neueres Automobil, das keine zentrale Türverriegelung hat. Ein kleiner Knopfdruck oder das Drehen des Schlüssels genügt und die Türverriegelungen schnappen deutlich hörbar ein. Sie können sogar sehen, wie sich der Verriegelungsstift am inneren Türrahmen senkt. Das Auto ist sichtbar verschlossen. Trotzdem, was machen die meisten Leute? Sie ziehen noch einmal am Türgriff, um ganz sicher zu sein, dass die Tür auch wirklich zu ist.

Eine im Unterbewusstsein verankerte Speicherung, deren sich die Menschen nicht bewusst sind, lässt diese Handlung automatisch ablaufen. Sie sind erst wirklich beruhigt, wenn sie am Griff gezogen haben. Ohne diese Beruhigung könnten sie sich nicht von ihrem Auto entfernen und haben auch gleich alle Argumente zur Hand, dass dies doch auch durchaus vernünftig sei – man hört doch immer wieder …

Sitzt nun ein solcher Sicherheitszieher gemütlich in einem Café und ihm kommen nun doch noch Zweifel, ob er sein Auto auch wirklich abgeschlossen und am Griff gezogen hat (er hatte doch auch noch den Kindersitz geordnet und dabei den Schlüssel … usw.), dann wird ihn dieser Gedanke so lange terrorisieren, bis er schnell zahlen und zum Auto zurückgehen will.

Natürlich steht das Auto friedlich und fest verschlossen da und der ganze Film, der in seinem Kopf ablief, war völlig überflüssig. Trotzdem, „es fällt ihm ein Stein vom Herzen", wie wir ihn dann sagen hören, endlich kann er beruhigt sein. Wer hatte nun in einem solchen Fall wen in der Hand? Unschwer zu erkennen, natürlich das Unterbewusstsein mit seinen Speicherungen.

Aber wie kann man nun eine solch völlig harmlose Zwangsstruktur überwinden? Auch dies geht natürlich nur in kleinen Schritten und einen solch kleinen Schritt möchte ich Ihnen an unserem Beispiel nahebringen.

Würde unser Freund nun den von tiefer Einsicht geprägten und höchst heroischen Entschluss fassen, ab sofort nie mehr am Griff seiner Autotür zu ziehen, würde er schon nach wenigen Tagen erstaunt feststellen, dass er es nun doch wieder getan hat. Er hatte es einfach vergessen, wird er dann womöglich sagen, und so wichtig war es ja auch wieder nicht. Sein Verstand findet sofort eine Erklärung.

Irrtum, er hatte es nicht vergessen, sein Gedächtnis funktionierte ja auch sonst noch ganz gut. Sein Unterbewusstsein hat seinen Entschluss ganz einfach verdrängt und ihn so handeln lassen, wie er immer gehandelt hat. Sicher ist sicher!

Unser Unterbewusstsein fügt einer einmal erfolgten Prägung alles hinzu, was zu dieser Prägung passt, und blockiert umgekehrt alles, was dieser Prägung entgegensteht.

Es ist bei Ihrer Arbeit sehr wichtig, diesen Mechanismus zu kennen. Sie haben nicht vergessen – es wurde lediglich blockiert!

Gehen wir noch einmal in unser Beispiel: Sie sitzen gemütlich in einem Café und wissen nicht mehr so ganz genau, ob Sie Ihr Auto nun wirklich verschlossen haben oder nicht – da war doch was mit dem Kindersitz. Sie sind beunruhigt, wollen schnell zahlen und zu Ihrem Auto zurückeilen.

Eine wunderbare Trainingsgelegenheit!

Praktizieren Sie in einem solchen Fall zunächst einmal die Trennung Ihrer beiden Ebenen, ihrer begrenzten materiellen Ebene und ihrer unbegrenzten geistigen Ebene. Werden Sie sich dieser beiden Ebenen Ihrer augenblicklichen Existenz voll bewusst.

Ihre begrenzte Ebene existiert lediglich von der Zeugung bis jetzt und hat im Unterbewusstsein alles archiviert, was in dieser Zeit von Bedeutung schien. Aus dieser Ebene kommt Ihre Beunruhigung.

Geben Sie dieser begrenzten Ebene Ihren tatsächlichen und in Ihrem Ausweis eingetragenen Vornamen. Auch Ihr Name ist auf Ihre begrenzte Existenz zwischen Geburt und Tod begrenzt.

Lediglich diese begrenzte Ebene, der Franz, der Karl, die Lisa oder die Clementine, will unbedingt und sofort zum Auto zurück.

Sie, das unbegrenzte geistige Wesen, der Hausherr in diesem Körper, schmunzeln darüber und wollen dies so nicht zulassen.

Sie schauen sich die Ängste wohlwollend an und reden liebe- und verständnisvoll mit dem besorgten Karl, der Lisa oder Clementine. Ich weiß, du möchtest jetzt sofort, auf der Stelle und unbedingt zum Auto zurück – und dann kommt Ihr kleines Aber …

Aber ICH schlage vor, dass wir erst noch gemütlich unseren Cappuccino trinken, und ich lese auch die Zeitung noch zu Ende. In ungefähr zwanzig Minuten können wir dann aufbrechen, wenn du das dann immer noch so dringend willst.

Dies ist das, was ich unter einem kleinen Schritt verstehe. Würden Sie sofort den großen Schritt wagen und beschließen, auf keinen Fall zum Auto zurückzugehen, würde ihr Unterbewusstsein keine Ruhe geben, alle Register ziehen und Ihnen den ganzen Tag verderben – auch dazu haben Sie meine Garantie.

Es würde Sie daran erinnern, dass die Diebstahl-Versicherung nicht zahlt, wenn das Auto nicht abgeschlossen war, und Sie sogar der Verleitung zum Diebstahl angezeigt werden könnten. Wenn dann mit Ihrem gestohlenen Auto auch noch ein Unfall passiert usw. usw. Das Heimkino in Ihrem Kopf wird immer größere Horrorbilder entwickeln.

Sie, das unbegrenzte geistige ICH, müssen aus diesem Film aussteigen. Verständnis- und liebevoll, so, wie Sie für ein Kind und seine Ängste Verständnis haben würden. Das Kind lebt in einer anderen Wahrheit als Sie, aber Sie werden dieses Kind mit viel Liebe und Verständnis aus seiner Begrenzung herausholen.

Wie gesagt, die zwanzig Minuten in meinem Beispiel sind lediglich ein erster kleiner Schritt. Wenn Sie dann den Zeitraum zwischen „unbedingt jetzt und sofort" und Ihrem täglichen Leben auch bei anderen Handlungen systematisch ausdehnen, werden Sie in absehbarer Zeit völlig über solchen Reflexen Ihres Unterbewusstseins stehen.

Aber Sie werden nicht nur über solchen Reflexen stehen. Das „sofort und auf der Stelle" Ihres Unterbewusstseins wird insgesamt nachlassen. Sie werden etwas gelassener, denn Ihr Unterbewusstsein speichert natürlich auch die neue Erfahrung, dass durch Ihren Zeitaufschub nichts passiert ist. Wir sollten uns also nicht über die alten Aufzeichnungen beklagen, wir sollten die Aufzeichnungsmaschine konsequent nutzen und durch maßvolle neue Aufzeichnungen behutsam in eine andere Richtung führen. Dies können Sie auf allen Ebenen trainieren.

Wenn Ihnen mein Beispiel als zu einfach vorkommt, denken Sie bitte daran, dass die Dinge im Größten wie im Kleinsten gleichermaßen sichtbar sind.

Wenn die alten Aufzeichnungen während Ihrer gesamten bisherigen Lebensspanne mehr oder weniger *unbewusst* entstanden sind, also über einen langen Zeitraum hinweg, dann können Sie nunmehr durch *bewusst* hinzugefügte neue Aufzeichnungen in einer Art Zeitraffer in wenigen Monaten elementare Änderungen bewirken.

Fangen Sie dabei mit den kleinen Dingen an, denn daraus besteht zu neunzig Prozent Ihr Alltag. Später können Sie dann die Welt verändern oder es zumindest versuchen. Dieser Versuch ist nicht strafbar.

Noch zu klein	Darf ich nicht	Kann ich nicht	Konnte ich noch nie	Sollte ich besser nicht	Ja nicht auffallen	Risiko zu groß	Wie steh ich da	Zu unsicher	Kein Talent	Andere sind besser	Ich darf	Ich kann	Ich werde	Es geht immer besser	Ich bin frei

Zeugung →	bis Jetzt	Zukunft →

136

Diese bisherigen Aufzeichnungen unseres
Unterbewusstseins können wir
nicht einfach löschen.
Diese Aufzeichnungen sind da,
und zwar „voll wirksam".

Was wir aber tun können, ist, diesen Aufzeichnungen durch *bewusstes Handeln* neue Aufzeichnungen hinzufügen, die dann jedesmal einen kleinen Schritt in eine etwas andere Richtung gehen und für Ihr Unterbewusstsein gerade noch mittragbar sind, ohne Panik auszulösen.

Diese im Zeitraffer erfolgten neuen Speicherungen werden in relativ kurzer Zeit die alten Speicherungen überlagern und dann ebenso voll wirksam sein wie die alten Aufzeichnungen vorher voll wirksam waren.

Schneller kann man Ihnen nur den Blinddarm herausnehmen, bei Ihren Verhaltensstrukturen dauert es nun leider doch ein klein wenig länger.

Also, was Sie brauchen, ist etwas Geduld und einen liebe- und verständnisvollen Umgang mit Ihrer begrenzten Ebene, mit Ihrem Karl, der Lisa oder Clementine.

Es ist erkannt ...
Es ist in Arbeit ...
Es gelingt nicht immer,
aber es gelingt immer öfter!

Das ist der Königsweg. Alles andere wäre Kampf und Krampf und am Ende doch völlig vergebens.

Sie sind das unbegrenzte geistige Wesen in diesem begrenzten Körper. Sie, das unbegrenzte geistige Wesen, das vorher existiert hat und nachher existieren wird, beobachten liebe- und verständnisvoll die kleine und begrenzte Welt Ihres Hans oder Ihrer Elke oder, wie auch immer Ihr Vorname ist.

Sie beobachten liebe- und verständnisvoll die Sorgen und Ängste des begrenzten Ichs und führen es behutsam und in kleinen Schritten in eine andere Richtung.

Ich verstehe dich, ich mag dich, ich weiß ..., ich helfe dir.

Wenn Sie einen Berg besteigen wollen, macht es keinen Sinn, so schnell wie möglich loszurennen. So würden Sie den Gipfel niemals erreichen.

10

Reden wir zum Schluss noch über das liebe Geld

Natürlich gehört Geld ebenso zur Fülle des Lebens wie Gesundheit, Freude, Liebe, Nahrung, Kleidung und unsere gesamten sonstigen Lebensumstände.

Wirkliche Fülle ist erst dann wirklich erreicht, wenn sie auf allen Ebenen feststellbar ist.

Gilt sie nur für einen Teilbereich, macht sie damit ja einen Mangel in anderen Bereichen sichtbar.

Geld ist allerdings nicht der Schlüssel zur Fülle der Schöpfung. Wer das so sieht, hat etwas gründlich missverstanden. Geld ist lediglich eine Energie, die wir ebenso wie andere Energien auf unserem Weg in die Fülle der Schöpfung nutzen können, und der Umgang mit Energien will gelernt sein. Dies wird nicht nur an Ihrem häuslichen Stromzähler sichtbar.

Fangen wir auch bei dieser Thematik wieder mit ein paar ganz einfachen Fragen an.

1. **Stehen Sie mit der Energie Geld auf Kriegsfuß oder haben Sie eine mehr lockere und vertraute Beziehung zu Geld?**

2. **Ziehen Sie die Energie Geld an oder haben Sie das Gefühl, dass Sie diese Energie eher abstoßen?**

3. Ist Geld ein Motor für Sie oder eher eine Bremse?

4. Lassen Sie Geld fließen oder halten Sie Geld eher fest?

5. Wann wäre nach Ihrer Meinung genügend Geld für Sie da?

6. Wieviel Geld haben Sie z.B. „jetzt" in Ihrer Geldbörse?

Vielleicht wundern Sie sich über solche Fragen, aber wenn Sie diese nun wahrheitsgemäß für sich beantworten (es sieht oder hört ja kein anderer) können Sie darin eine Menge erkennen, und auf dem Weg zu diesen Erkenntnissen möchte ich Ihnen ein wenig zur Seite stehen.

Ich habe Geld als eine Energie bezeichnet, die wir für uns nutzen können – nicht mehr und nicht weniger. Geld kann man nicht essen, sein eigener Materialwert ist relativ gering und auf dem Bankauszug ist es lediglich eine Zahl, bei der die Platzierung des Kommas zwischen den Zahlen das Wichtigste ist.

Aber wir können trotz seines geringen Eigenwertes durch Geld einiges für uns erreichbar machen, was womöglich sonst nicht erreichbar wäre. Wie gesagt, einiges – nicht alles.

Und wie bei allem, was wir für uns nutzen können, können wir es auch gegen uns nutzen, wenn wir falsch damit umgehen. Die relativ flüchtige Energie Geld wendet sich uns zu oder wendet sich von uns ab.

Ob Geld zum Fluch oder zum Segen für uns wird, ist also vorwiegend von unserem Umgang damit abhängig. Das Resultat unseres Umgangs wiederum ist allein von der Art unserer Ursachensetzungen abhängig. Das hermetische Prinzip von Ursache und Wirkung, das auf allen Ebenen Gültigkeit hat, spielt hier ebenso hinein wie das hermetische Gesetz der Schwingung.

Nach dem Gesetz der Schwingung zieht Gleiches Gleiches an und Ungleiches stößt einander ab. Auch dies gilt auf allen Ebenen gleichermaßen.

Armut zieht Armut an.
Reichtum zieht Reichtum an.
Glück zieht Glück an.
Unglück zieht Unglück an.

Ein Glücklicher und ein Unglücklicher können nicht zueinander finden. Sie haben sich nichts zu sagen.

Aber nun muss ich gleich allen Missverständnissen vorbeugen. Es sind „geistige" Gesetze, die sich zwar in der Materie manifestieren, aber in ihrer Wirkungsfolge immer vor der Materie stehen. Sie sind die Schlüssel, die eine Tür immer nur dann öffnen, wenn Schlüssel und Schloss zusammenpassen. Die geistigen Gesetze sind überall gültige Wahrheiten, die sich in der Materie manifestieren: im Größten – wie im Kleinsten, wie oben – so unten, wie innen – so außen.

Das heißt zum Beispiel, dass Reichtum auf der geistigen Ebene entsprechenden Reichtum auch auf der materiellen Ebene anzieht und nicht umgekehrt.

Wer sich arm sieht, fühlt und denkt, wird niemals Reichtum anziehen können, egal auf welchem Feld. Er zieht nur das an, was er energetisch aussendet.

Das bedeutet also nicht, dass ich 10.000 Euro brauche, um dann damit weitere 10.000 Euro anzuziehen. Dann würde ja Materie Materie anziehen. Aber es gibt unzählige Beispiele dafür, dass die Materie Geld zwischen den Fingern zerrinnen kann, ohne jemals weitere Materie angezogen zu haben.

Unzählige Lottogewinner mögen dazu als Beispiele gelten. Sie hatten vorher kein Geld und haben auch nachher kein Geld. Sie konnten weder vorher noch nachher mit dieser Energie umgehen. Sie passten irgendwie nicht zusammen, sie hatten keine Beziehung zueinander, der Schlüssel passte nicht ins Schloss.

Wenn ich eingangs dieses Kapitels danach gefragt habe, wie viel Geld Sie z.B. „jetzt" in Ihrer Tasche haben, dann mag Ihnen das vielleicht komisch vorgekommen sein, aber es hatte durchaus einen Sinn.

Gewöhnen Sie die Energie Geld daran, sich in Ihrer Tasche zu befinden, und gewöhnen Sie sich daran, die Energie Geld in Ihrer Tasche zu haben.

Sie müssen Freunde werden, Sie müssen zusammenwachsen. Sie müssen diese Energie ja nicht gleich verschleudern. Hauptsache sie ist da, sie ist bei Ihnen und Sie könnten darüber verfügen, wenn Sie es wollten.

Sie und das Geld in Ihrer Tasche gehören zusammen und sie dürfen sich keinesfalls fremd fühlen. Dies ist völlig unabhängig von der Höhe des Betrages, aber es sollte in jedem Fall weitaus mehr sein, als Sie im jetzt überschaubaren Moment benötigen.

Nehmen wir einmal das Beispiel, dass Sie noch genau 180 Euro für den Rest des Monats zur Verfügung haben, und es ist erst der 23. des Monats, bevor Sie dann am 31. des Monats wieder neues Geld erwarten. Sie könnten also rein rechnerisch an jedem Tag exakt 20 Euro ausgeben, um „über die Runden zu kommen", wie man das so schön ausdrückt.

Nun haben Sie mehrere Möglichkeiten, mit dieser Situation umzugehen:

1. Sie fühlen sich arm, machen sich Sorgen und stecken jeden Tag exakt diese 20 Euro in die Tasche, um nicht das Risiko einzugehen, womöglich zu viel auszugeben oder es gar zu verlieren. Sicher ist sicher.

2. Sie sind ein klein wenig mutiger und stecken 40 Euro in die Tasche, denn man weiß ja nie und es könnte ja eine günstige Gelegenheit geben usw. und dann hätten Sie ja immer noch. Vorsicht ist die Mutter der Porzellankiste.

3. Sie stecken Ihre gesamten 180 Euro in die Tasche, erfreuen sich an diesem schönen Anblick, fühlen sich relativ reich und wissen, dass das Geld sich in Zukunft ohnehin wieder mehren wird. Sorgen machen Sie sich keine.

Welcher Typ sind Sie, wie würden Sie sich verhalten?

Bitte sehen Sie dabei nur das Prinzip. Die 180 Euro meines Beispiels sind absolut relativ. Es kommt allein darauf an, wie wichtig der Betrag für Sie ist. Sind 180 Euro für Sie keine große Hausnummer, dann nehmen Sie vielleicht 500 oder gar 800 Euro, wenn Sie wollen.

Beim Verhalten des Typs 1 haben wir es mit typischer Mangelverwaltung und Armutsdenken zu tun und diese Mangelverwaltung wird ganz zwangsläufig weiteren Mangel und Armut anziehen.

Sorgen, Armutsdenken und Angst sind energetische Ursachensetzungen in die falsche Richtung und blockieren jeden Wandel. Gleiches zieht Gleiches an, Ungleiches stößt einander ab. Was wir aussenden, ziehen wir an.

Beim Verhalten des Typs 2 haben wir es im Prinzip mit der gleichen Problematik, lediglich in etwas abgemilderter Form, zu tun. Es ist hier nicht ganz so krass. Die Tür ist zumindest einen kleinen Spalt geöffnet, aber ich bin sicher, bei der kleinsten Unsicherheit wird sich diese Tür wahrscheinlich völlig verschließen, statt sich zu öffnen. Energie aber will fließen, Energie, die etwas bewirken soll, braucht entsprechenden Raum. Stehendes Wasser wird faul.

Beim Verhalten des Typs 3 erleben wir alle Voraussetzungen zu einer wirklichen Änderung. Reichtumsdenken statt Armutsdenken, keine Angstgefühle und das elementare Wissen, dass sich die Situation in Zukunft ohnehin bald ändern wird. Hier sind auf der unbegrenzten geistigen Ebene die richtigen Ursachen gesetzt. Hier wird nichts blockiert, hier hat die Schöpfung genügend Raum, hier kann etwas geschehen – wenn es so richtig ist.

Allerdings gibt es keine Garantie für dieses Geschehen und möglicherweise wundern Sie sich über meinen kleinen Nachsatz, *„wenn es so richtig ist"*. Ich werde diese Einschränkung noch näher erklären. Aber zunächst einmal werden Sie mir wohl kaum widersprechen, wenn ich sage, dass das Verhaltensmuster beim Typ 3 die weitaus angenehmere Lebensweise ist. Sie ist lebensbejahend, optimistisch und zukunftsorientiert, statt angstvoll zu agieren und nur noch abzusichern.

Wenn Sie die zwanzig Euro aus unserem Beispiel zur Verfügung haben, können Sie sich damit reich oder arm fühlen. Es kommt ganz darauf an, mit wem oder mit was Sie sich vergleichen. Aber warum vergleichen Sie sich?

Es gibt Menschen, die verdienen diese 20 Euro in Sekundenbruchteilen, und es gibt Menschen, die arbeiten eine ganze Stunde für 3,50 Euro, müssen also über fünf Stunden für diese zwanzig Euro arbeiten. Dabei müssen wir nicht einmal asiatische Verhältnisse bemühen, wo zwei Euro ein durchaus akzeptierter Tagesverdienst sind. Bleiben wir ruhig da, wo wir sind, in unserem guten, alten Europa.

Nun dürfen Sie meine Beispiele durchaus für ziemlichen Nonsens halten, ich hätte dafür sogar Verständnis, denn wenn Sie heute oder morgen in einen Supermarkt gehen, dann sind zwanzig Euro zwanzig Euro und Sie haben keine Chance, an der Kasse zu erklären, dass es viele Menschen gibt, die für 3,50 Euro … und dass in Asien 2 Euro … usw.

Vergessen Sie´s. Sie bekommen exakt das für Ihre zwanzig Euro, was Sie nach den ausgezeichneten Preisen dafür bekommen können, nicht mehr oder weniger. Das ist die brutale Realität.

Aber es geht mir nicht um diese sogenannte objektiv feststellbare und manchmal sogar brutale Realität. Es geht mir vielmehr um Ihre ganz persönliche Realität, es geht mir allein darum, was Sie in Ihrer ganz persönlichen Realität empfinden, was Sie dabei denken und fühlen.

Das, was Sie dabei denken und fühlen, sendet jene Energie aus, bedeutet jene Ursachensetzung, die Sie dann als Wirkung empfangen. Geist schafft Materie.

Irrtum und Fehllieferung ausdrücklich ausgeschlossen!

Wenn Sie dies verstanden haben, haben Sie den alles entscheidenden Schlüssel in der Hand. Wenn Sie dies verstanden haben, wissen Sie, warum die sogenannten kleinen Leute immer klein bleiben. Sie denken klein und können sich aus dem Käfig ihres kleinen Denkens nicht befreien.

Ich hatte ja noch nie eine Chance ... wir hatten ja noch nie Geld ... wir zählen nun mal zu den kleinen Leuten ... ich durfte ja noch nie ... Schuster, bleib bei deinem Leisten ... der Teufel scheißt sowieso immer nur auf einen großen Haufen ... usw.

Was ich zu dem „Geld in Ihrer Tasche" gesagt habe, sollten Sie auch in Zeiten der Bank- und Kreditkarten praktizieren. Größere Dinge können Sie ruhig mit diesem Plastikgeld erledigen, aber Sie sollen ja keine Beziehung zu Plastik, sondern zu Geld aufbauen und festigen. Dazu benötigen Sie richtig nachzählbare Scheine, die Sie fühlen und durch Ihre Hände gleiten lassen. Nur so entsteht jenes Gefühl, das den Fluss in Bewegung bringt.

Ich praktiziere dies z.B. in meinen Einzel-Intensivwochen, wo ich großen Wert darauf lege, dass ein Teilnehmer das fällige Honorar in bar an mich zahlt. Es entsteht dadurch ein direkteres Gefühl des Gebens und Nehmens. Er gibt – ich nehme – und gebe dafür etwas anderes zurück.

Nun hatte ich Ihnen noch versprochen, meinen kleinen Nachsatz „Wenn es so richtig ist" etwas näher zu erklären. Jedes Leben hat eine zentrale Lebenslernaufgabe, jedes Leben steht unter einem speziellen Lernthema. Bei den vielen Menschen, mit denen ich gearbeitet habe, gab es noch keinen einzigen Fall, in dem eine solch zentrale Lebenslernausgabe nicht eindeutig feststellbar war.

Die Bewältigung dieser Lernaufgabe hat immer Vorrang. Sie ist sozusagen der Sinn unseres Lebens. Sie ist das, was uns weiterbringt, sie ist das, was uns wachsen lässt.

Versuchen wir nun durch bewusste Ursachensetzung auf der geistigen Ebene etwas zu erreichen, was unserer zentralen Lebenslernaufgabe entgegensteht, so wird dies den gewünschten Erfolg nicht

146

haben können. Unser zentrales Lebensthema hat immer Vorrang. Es könnte zum Beispiel auch ein Thema wie Demut und Bescheidenheit sein.

Deshalb mein kleiner Nachsatz: „Wenn es so richtig ist".

Schauen wir uns das Ganze noch einmal an

Warum?

Selbst wenn Sie dieses Buch, das ich bewusst so kurz wie möglich gehalten habe, aufmerksam gelesen haben, garantiere ich Ihnen, dass Ihnen einiges seines Inhalts schon wieder entfallen ist. Dies hat nichts mit Ihrer Intelligenz, Ihrem Interesse oder sonst etwas zu tun.

Dies hängt allein mit den Mechanismen Ihres Unterbewusstseins zusammen, die alles, was zu unseren bisherigen Aufzeichnungen passt, fleißig hinzuaddieren und alles, was diesen Aufzeichnungen widerspricht, so schnell wie möglich in Vergessenheit geraten lassen.

Einmal gefundene Wahrheiten und Positionen werden somit immer wahrer und richtiger, mögliche Abweichungen davon gar nicht erst aufgezeichnet.

Dieser Verdrängungsmechanismus wird nach ein paar Tagen, Wochen oder Monaten in seiner Wirkung noch gravierender sein, und wahrscheinlich scheint Ihnen das dazu passende Alibi, dass Sie ja in dieser Zeit ja ohnehin genügend andere Sachen um die Ohren hatten, durchaus schlüssig. Ein Teil unseres Käfigs.

Wenn Sie die Empfehlungen dieses Buches nicht konsequent in tägliches Leben und mit aller Wachsamkeit schrittweise umsetzen, kann und wird sich rein gar nichts ändern. Woher auch?

Prüfen Sie doch einmal selbst, was vom Inhalt dieses Buches noch übrig geblieben ist.

1)

Ich hatte Sie zunächst zu einer ganz persönlichen Einschätzung Ihrer Lebenssituation im Sinne der Thematik dieses Buches angeregt. Ich hatte Sie darum gebeten, einmal ausschließlich für sich selbst festzustellen, was es bedeuten würde:

den engen Käfig Ihres Denkens zu verlassen.

Was sich dann in Ihrem Leben ändern würde?

Ob Sie überhaupt so etwas wie einen Käfig empfinden, aus dem Sie keinen Ausgang finden?

Ob Sie es überhaupt für möglich halten, in die Fülle des Lebens einzutauchen, und wie das dann für Sie aussehen würde?

Leider kenne ich die Antworten nicht, die Sie gefunden haben, oder Sie fanden solche Antworten generell überflüssig und haben gleich weitergelesen. Die erste Abwehr!

Wenn dies aber so war, dann beantworten Sie diese Fragen doch bitte einfach jetzt.

Ich habe dargelegt, dass wir zu einhundert Prozent am richtigen Platz stehen, wenn wir diesen Platz nicht als Aufforderung zu einem geruhsamen Mittagsschläfchen, sondern vielmehr als *unsere richtige Startposition und unsere Chance* sehen.

Ich habe aufgezeigt, dass unser bisheriges Denken und Handeln nur in geringem Maße wirklich unser Denken und Handeln war, dass es vielmehr in ins *hineinkonditioniert und uns andressiert* wurde und wir diese Konditionierungen ändern können.

Ich habe erklärt, dass Geist die Ursache von Materie ist und dass das, was wir uns nicht einmal vorstellen können, sich für uns auch nicht in der Materie manifestieren kann. Wir blockieren uns selbst. Die Fülle der Schöpfung können wir nur *in uns und nicht im Außen* erreichen.

2)

Wir haben uns mit der Funktionsweise unseres Unterbewusstseins beschäftigt, damit Sie für die vielfältigen *Interventionen und Hinterhältigkeiten Ihres Unterbewusstseins* gerüstet sind und ihnen entsprechend begegnen können.

Wir haben über das *zentrale Lebens-Lernthema* gesprochen, dem wir nicht ausweichen können. Wir haben festgestellt, dass Angst immer Enge erzeugt und genau das anzieht, wovor wir Angst haben. *Haben wir Angst zu scheitern, ziehen wir ein Scheitern magisch an.*

3)

Wir haben uns mit der Notwendigkeit einer möglichst konkreten *Zielsetzung* befasst. Wie wollen wir ein Ziel erreichen, wenn wir nicht genau wissen, wie unser Ziel aussieht? Dabei genügt es keinesfalls, nur zu wissen, was wir nicht wollen. Schöpfung heißt *erschaffen und nicht ab-schaffen.*

Die Technik des Tagesberichts habe ich ausführlich am Beispiel Marlene erklärt: Leben im Endergebnis als *gezielte geistige Ursachensetzung.* Der Schöpfung trotzdem Raum lassen. Der kleine Zusatz: „Wenn es für mich so richtig ist".

4)

Die Bilder in unserem Kopf drängen nach Materialisierung. Das Beispiel Hirntumor. Fadenscheinige Alibis entlarven. Wenn wir nie eine Chance hatten, dann *nutzen wir unsere Chance doch einfach „jetzt"!*

Das Einzige, was uns daran hindern kann, sind wir selbst. Wir haben von der Wichtigkeit des Bildes, das wir von uns selbst haben, gesprochen. Die Meinung und das Bild, das wir von uns selbst haben, bestimmen unsere energetische Ausstrahlung und diese zieht wiederum genau das an, was wir ausstrahlen. *Gleiches zieht Gleiches an.*

5)

Wir haben über unsere Konditionierungen durch Kulturkreis, Religion, Staat und Familie gesprochen, in die wir hineingeboren wurden. Dies sind *die Grundpfeiler unseres Käfigs,* die wir nicht einreißen können. Wir werden z.B. niemals wie ein Hindu oder Moslem, Chinese oder Massai fühlen oder denken können, wenn wir nicht in diesem Energiefeld aufgewachsen sind.

Wir haben festgestellt, dass sich ein „Wir-Gefühl" meist nur dann entwickelt, wenn es ein andersartiges Gegenüber gibt.

6)

Die Technik der kleinen Schritte. Erste Käfigstangen vorsichtig lockern. Eine zu heftige Explosion würde uns den Boden unter den Füßen wegreißen. Durchzug in unseren Käfig bringen und den *abgestandenen Mief ziehen lassen.*

Solange wir am Alten festhalten, kann nichts Neues entstehen. *Stehendes Wasser wird faul.* Auch einmal andere Meinungen gelten lassen. Wir besitzen nicht das Monopol der Wahrheit. Das Beispiel der kleinen Holzbrücke.

7)

Leer werden, statt immer mehr hineinfüllen. Haben wir unseren Verstand oder hat unser Verstand uns? Das Prinzip der Polarität. Mörder oder Heiliger? *Es gibt kein sogenanntes Schicksal.* Es gibt nur das Gesetz von Ursache und Wirkung. Erfahrung als Antrieb oder Bremse.

8)

Unser Denken und Handeln grundsätzlich hinterfragen. *Die zwei Ebenen des Menschen.* Gedanken brauchen immer einen Anstoß – die Ebene dieses Anstoßes erkennen. Unsere Konditionierungen sind stärker als unser Wollen. Unser Körper ist lediglich ein Haus, das wir bewohnen – wir sind der Hausherr. *Die Ich-Identifikation mit unserer unbegrenzten Ebene.*

9)

Einfach einmal nichts tun. Unser Verstand will dauernd beschäftigt sein. Das kleine „Aber"! Am Kleinsten können wir das Größte erkennen. Wir können die bisherigen Aufzeichnungen unseres Unterbewusstseins nicht löschen, wir können sie aber durch *bewusste neue Erfahrungen überlagern und unwirksam machen.*

10)

Unseren Umgang mit Geld trainieren. Mangel zieht Mangel an. *Geld ganz bewusst in unser Energiefeld aufnehmen.*

Ihre Kontaktmöglichkeit zum Autor:

EMAIL: GALANMASTER1@T-ONLINE.DE

HOMEPAGE: WWW.GALAN-MASTER-TRAINING.DE

PRIVATPRAXIS FÜR NEUE PSYCHOLOGIE,
PSYCHOTHERAPIE UND GANZHEITLICHE LEBENSHEILUNG

INDIVIDUELLES COACHING

EINZEL-INTENSIVWOCHEN

PARTNERSCHAFTS-TRAINING

EINZELBERATUNG IN ALLEN PRIVATEN
UND BERUFLICHEN PROBLEMSTELLUNGEN

Weitere Bücher aus dem Verlag Via Nova:

Stehe über deinem Denken!
5 wirksame Schritte zur Beherrschung deiner Gedanken
Matt Galan Abend

Hardcover, 144 Seiten, ISBN 978-3-86616-260-0

Mal ehrlich, wo sind Sie jetzt im Moment mit Ihren Gedanken? Wirklich hier und jetzt? Wach, bewusst und konzentriert? Oder geht es Ihnen wie den meisten von uns: Sie werden zum großen Teil von Ihren unbewussten Gedanken beherrscht und machen sich dies gar nicht bewusst. Dann haben Sie Glück, denn dieses neue Buch weist Schritt für Schritt den Weg zu einem wirklich bewussten Denken. Es zeigt auf, wie enorm wichtig es ist, seine Gedanken zu beherrschen, denn sie bestimmen und erschaffen unsere Wirklichkeit, unsere Identität, unser gesamtes Leben. Dieses Buch und sein leicht erlernbares Trainingsprogramm eröffnet die große Chance, sein Leben in neuer Bewusstheit zu erleben, und zeigt, wie unerschöpflich die Möglichkeiten sind, es neu zu gestalten.

Im Urvertrauen leben
Loslassen, fallen lassen, gelassen sein / Matt Galan Abend

Hardcover, 176 Seiten, ISBN 978-3-86616-199-3

Viele Menschen leben heute mehr im „Urmisstrauen" als im Urvertrauen: Geprägt durch Erfahrungen der Kindheit und ihres täglichen „Lebenskampfes" misstrauen sie oft allem und jedem – natürlich auch sich selbst. Sie wollen alles beobachten, alles kontrollieren, alle Fäden in der Hand behalten und wittern überall Angriff und Gefahr. Das verbraucht Ihre Energie, und Sie erfahren immer mehr Ihre Begrenzung und Ihren Mangel statt die Fülle der Schöpfung. Dieses Buch zeigt den Weg, wie wir auch noch als Erwachsene die essentiell wichtige Basis des Urvertrauens aufbauen können, wie wir lernen, unsere Lebensaufgabe zu erkennen, anzunehmen und zu lösen, kreativ-spielerisch zu gestalten, statt zu kämpfen, uns unserer wahren Schöpferkraft bewusst zu werden und die geistigen Gesetze der Schöpfung für uns, statt gegen uns wirken zu lassen.

Leben heißt Loslassen
Alles, was wir festhalten, hält auch uns fest
Matt Galan Abend

4. Auflage

Hardcover, 168 Seiten, ISBN 978-3-86616-024-8

Das Besitz anzeigende Fürwort MEIN ist sicher eines der meist gebrauchten Wörter unserer Sprache. Aber in Wirklichkeit ist nichts von dem, was wir für MEIN halten, wirklich unser Eigentum. Menschen schon gar nicht, und auch die materiellen Besitztümer, die wir mal mehr, mal weniger zur Verfügung haben, sind Leihgaben, mit denen wir eine Weile spielen dürfen. Wenn das Spiel unseres Lebens abgepfiffen wird, verlassen wir das Spielfeld, aber die Dinge können wir nicht mitnehmen. Fällt uns das Loslassen bei Dingen noch einigermaßen leicht, so haben wir große Schwierigkeiten mit dem Loslassen gegenüber unseren Kindern, Partnern, Freunden, unseren Vorstellungen, Plänen, Wahrheiten – die Liste lässt sich leicht verlängern. Wir machen uns gar nicht klar, wie viel Energie uns das Festhalten kostet. Aber nur wenn wir loslassen, können wir uns dem ständigen Wandel des Lebens, dem Entstehen und Vergehen, dem Kommen und Gehen anvertrauen, nur dann können wir im Fluss der Schöpfung sein.

Ich will leben statt gelebt zu werden
Ein Weg zur inneren und äußeren Freiheit
Matt Galan Abend

Hardcover, 144 Seiten, ISBN 978-3-86616-189-4

Ist das wirklich mein Leben, das ich hier und jetzt lebe? Wie kann ich frei werden von dem, was „man" denkt und tut, und mich und mein Leben aus meinem innersten Wesenskern heraus selbst bestimmen? Der Psychotherapeut M.G. Abend ermuntert den Leser, sich diesen Fragen zu stellen, sich und seine Lebensumstände zu analysieren, die Bedürfnisse seines „wahren Ichs", seiner Seele als innerer Beobachter, die Lernaufgabe und den Sinn des eigenen Lebens zu erkennen und sich selbst zu vertrauen. Dieses Buch hilft, besonders auch durch entsprechende Methoden und Beispiele, sich von inneren und äußeren Belastungen („Energiefresser") zu lösen, die eigenen Lebensverhältnisse zu verbessern, frei zu werden und mehr Lebensfreude zu empfinden.

Sprechstunde mit dem inneren Arzt
Wecke die Heilkräfte in dir selbst
Matt Galan Abend

2. Auflage

Hardcover, 160 Seiten, ISBN 978-3-86616-071-2

Dieses Buch ist vor allem für Laien geschrieben und erklärt in verständlicher Sprache, wie typische Verhaltensmuster zu ebenso typischen Krankheitsbildern, zu sogenannten Zivilisationskrankheiten führen wie Rückenbeschwerden, Tinnitus, Stress-Syndrom, Bluthochdruck, Sexualstörungen u. a. Der Autor beleuchtet auch den psychischen Hintergrund. Sein Modell der 5 Ebenen beweist, dass eine Erkrankung immer den ganzen Menschen betrifft. Aber wie wir uns selbst krank machen, können wir uns auch selbst wieder gesund machen. Wir können die Gesundheit unserer unbegrenzten Geistebene auch auf unsere begrenzte körperliche Materie übertragen, indem wir uns unserer eigenen Kraft, heilsamer und unheilsamer Energiefelder bewusst werden, die Erkrankung als Aufgabe annehmen und die richtigen Techniken anwenden. An praktischen Beispielen wird erklärt, wie wir uns selbst testen können, ob Medikamente uns nützen oder schaden, wie wir die Wirkung medizinischer Therapien beträchtlich steigern und vermeiden können, dass eine Krankheit chronisch wird.

Radikales Erwachen
Nimm dich im Alltag ganz an
Jeff Foster

Hardcover, 256 Seiten, ISBN 978-3-86616-282-2

Jeder spirituell Suchende sehnt sich nach Einssein, Freiheit und bedingungsloser Liebe, „anzukommen" und im Hier und Jetzt vollständig aufzuwachen. Wer es liest, begegnet keinem neuen spirituellen Konzept, keiner Theorie, sondern der Einfachheit, Schönheit und Tiefe einer überwältigenden Erfahrung. Lebensnah, humorvoll, berührend und im besten Sinne radikal in seiner Direktheit zeigt Jeff Foster, wie die vollkommene Akzeptanz des Lebens und der Gefühle zur Freiheit führen und alles verwandeln kann. In jeder Zeile ist spürbar, dass er aus der eigenen lebendigen Erfahrung schöpft, und so geraten wir schon beim Lesen in den erfrischenden Sog der Freiheit.

Kann denn Liebe Lüge sein?
Ein neues Verständnis von Liebe und Beziehungen
Joseph Fries / Wolfgang Weigand

Hardcover, 192 Seiten, ISBN 978-3-86616-296-9

Wer träumt nicht von der großen Liebe und einer glücklichen Partnerschaft? Kaum ein Thema bewegt die Sehnsüchte der Menschen mehr! Dass heute zugleich so viele Beziehungen scheitern, ist ein Dilemma, dem dieses Buch auf den Grund geht. Es vermittelt ein neues Verständnis von Beziehungen und eine zeitgemäße spirituelle Sicht auf die „Fallstricke der Liebe" im 21. Jahrhundert. Zugleich räumt es auf mit falschen Erwartungen und romantischen Vorstellungen und zeigt einen realen Weg der Heilung durch die Entwicklung der eigenen Liebesfähigkeit. Sehr hilfreich ist das erstmal hier vorgestellte Jofri-Balance-Modell, das die Ursachen vieler Verstrickungen offenlegt. Für alle, die nicht weiter von der großen Liebe träumen wollen, sondern sie in ihrem Leben wirklich erfahren möchten!

Innere Stärke
Halt und Orientierung im alltäglichen Leben
Franz Decker

Taschenbuch, 192 Seiten, ISBN 978-3-86616-307-2

Glücklich und mit sich selbst im Einklang zu leben, den Widerständen des Alltags, inneren Zweifeln, starken Belastungen und selbst Lebenseinbrüchen zu trotzen und positiv zu begegnen – all das lässt sich trainieren. Mit diesem Buch des erfahrenen Lebens- und Mental-Beraters Prof. Dr. Franz Decker erhalten Sie viele wertvolle Anregungen, Tipps, Techniken und Methoden, wie Sie innere Stärke sowie Selbstvertrauen entwickeln und eigene Kraftquellen neu erschließen können. Wer es beherzigt, ist gewappnet für die „Stürme des Lebens", und den wirft so schnell nichts mehr aus seiner Lebensbahn!

Resilienz – Was die Psyche stark macht!
Das eigene Potenzial entfalten, Blockaden lösen
und Krisen meistern
Gerda M. Kolf

Paperback, 144 Seiten, 50 mehrfarbige Fotos, ISBN 978-3-86616-264-8

Es gibt Situationen und Phasen im Leben, in denen wir unseren Mut und unsere Kraft erst wieder finden müssen, um dem Leben neu und freudvoll zu begegnen. Die „Stehaufmännchen-Methode" zeigt, wie erstaunlich einfach es sein kann, innere Hindernisse zu überwinden und sein eigenes Potential zu befreien. Ob Ängste, Phobien, innere Blockaden, Schlafstörungen, körperliche Verspannungen – für fast jedes Problem gibt es die passende „Stehaufmännchen-Methode". Sie sind von der Autorin in der Praxis erprobt und nun erstmals in diesem Buch genau beschrieben. Wenn wir ausprobieren, werden wir staunen, was alles möglich ist, wenn wir der Vergangenheit die Macht über unser heutiges Leben nehmen und Lebensfreude und Leistungsvermögen wieder erfahren.

Was die Welt zusammenhält
Ein grundlegender Dialog über Materie und Geist
Dr. Hartwig Volbehr

Paperback, 200 Seiten, ISBN 978-3-86616-283-9

Glauben und Wissen, Geist und Materie, Religion und Naturwissenschaft
– seit jeher scheinen dies Pole verschiedener Weltsichten zu sein. Und
dennoch: Immer steht die größte aller Fragen im Mittelpunkt, nämlich,
„was die Welt im Innersten zusammenhält". Mit viel Freude an der intel-
lektuellen Auseinandersetzung führt das Buch den Leser auf eine fes-
selnde Reise zu den elementaren Themen des Menschseins und berührt
dabei Fragen, die sich jeder von uns schon einmal gestellt hat. Dabei er-
weist sich die Dialogform des Buches als großer Glücksfall und macht den
Widerstreit der zwei Seelen, die wir alle in der Brust haben, lebendig und nachvollziehbar. Machen
Sie sich gefasst auf eine faszinierende Expedition zum Ursprung aller Dinge und darauf, dass Ihr
altes Weltbild ins Wanken gerät!

Sinn finden auf der Fahrt des Lebens
Freude, Frieden und Glück in sich erfahren
Urs-Beat Fringeli

Taschenbuch, 176 Seiten, ISBN 978-3-86616-291-4

Machen Sie sich bereit für eine abwechslungsreiche, fantastische „Sinn-
reise" und lassen Sie sich – ganz entschleunigt – zu den wunderbarsten
inneren Orten navigieren, die zeigen, wie wir in jedem Moment unseres
Lebens, Vertrauen finden können. Denn Sinn zu erfahren, kann tatsächlich gelernt und trainiert werden! Nicht nur das zeigt dieses Buch, sondern es schärft auch die Sinne dafür, im Alltäglichen stets das Wesent-
liche und Sinnhafte zu erkennen. Lassen Sie sich mitnehmen auf eine
der vielleicht sinnvollsten Leseerfahrungen Ihres Lebens und lassen Sie
sich inspirieren von einem neuen Blick auf die Welt, der Ihnen dauerhaft
innere Freude und Erfüllung schenken kann.

Vom Verstand zur Intuition
Wie man die Sackgasse Egoismus überwindet
Heinz-Uwe Hobohm

Hardcover, 208 Seiten, ISBN 978-3-86616-248-8

Je mehr intuitive Kraft jemand hat, desto weniger egoistisch verhält er sich.
Je weniger egoistisch man sich verhält, desto mehr Glück kann man erfahren. Überraschenderweise ist Glück also ein Resultat von Intuition. Dieser
Zusammenhang wurde seit Jahrtausenden von Intuitionsmeistern und
-meisterinnen – den Mystikern aller Kulturen – immer wieder unabhängig
voneinander entwickelt. In diesem Buch werden zunächst die Grenzen des
Verstehens der Wirklichkeit durch den Verstand in der Beschreibung un-
geklärter wissenschaftliche Rätsel aufgezeigt, der Kern der Aussagen von
Mystikern und Meditationsmeistern herausgearbeitet und auf den heutigen Alltag übertragen. Intuition ist lernbar, selbst loses Handeln ist lernbar! Die Entwicklung der Intuition nimmt deswegen einen
größeren Raum in dem Buch ein. Sie ist mit dem Abbau von Egoismus eng verbunden. Meditation,
Selbsterkenntnis und Transformation des Egobewusstseins sind der Weg, dieses Ziel zu erreichen.